Paul-Werner Scheele

Was ist der Mensch?

Die Antwort des II. Vatikanischen Konzils

Dir, lieber Werner,
zum 75. Geburtstag
in treuer Verbundenheit

+ Paul-Werner.

Paul-Werner Scheele

Was ist der Mensch?

Die Antwort des II. Vatikanischen Konzils

echter

In memoriam
Dr. Karl Hillenbrand

Inhalt

Vorwort

In einer der letzten Pressekonferenzen, an der ich als Journalist 1964 am Ende der dritten Konzilsperiode teilgenommen habe, kamen deren wichtigste Themen zur Sprache. Eine Kollegin war damit nicht zufrieden. Sie fragte: „Was bedeutet das alles für den Mann auf der Straße? Was kann er mit dem anfangen, was im Petersdom diskutiert und entschieden wurde? Bewegt es ihn oder lässt es ihn kalt?" Der eine oder andere ärgerte sich über diese Fragen, die seiner Meinung nach nicht zur verhandelten Sache gehörten. Andere wurden nachdenklich. Ist es nicht in der Tat eine der zentralen Aufgaben der Christen, die empfangene und erfasste Wahrheit an jedermann weiterzugeben? Schuldet man nicht jedem Mitmenschen eine Weise der Mitteilung, die seine Situation berücksichtigt? Muss deshalb nicht alles versucht werden, möglichst vielen bewusst zu machen, dass es in der christlichen Botschaft um sie geht, um das Schicksal jedes einzelnen?

Es mag sein, dass die Kollegin etlichen Themen des Konzils fern stand; den Fragen ihrer Mitmenschen war sie jedenfalls nah. Sie war auch faktisch mehr mit dem Konzil verbunden als es den Anschein hatte. Bei den verschiedenen Aufgaben, mit denen es befasst war, hat es sich wiederholt auch mit existentiellen Fragen des Menschen beschäftigt. Vergegenwärtigt man sich alle Texte des Konzils, dann findet man etliche Aussagen, die das Geschick jedes einzelnen Menschen betreffen. Sie werfen Licht auf die menschliche Existenz. Sie greifen ausdrücklich Fragen auf, die jedermann bewegen. Manches wird direkt angesprochen, anderes muss man zwischen den Zeilen lesen. Es ist der Mühe wert, diese Antworten aufzuspüren und über deren existentielle Tragweite nachzudenken.

Die Fragen, die sich in jedem Leben stellen, lassen sich zusammenfassen in die Frage: „Was ist der Mensch?", persönlicher formuliert: „Wer bin ich?" Wiederholt hat sich das Konzil daran gemacht, darauf einzugehen. Manche seiner Antworten wecken den Eindruck von kleinen, unscheinbaren Steinen. Miteinander können sie ein ansehnliches Mosaik bilden, in dem Verschiedenes von dem sichtbar wird, was zur menschlichen Existenz gehört. Dieses Ergebnis kann wiederum einen neuen Zugang zu den Konzilsaussagen eröffnen. Was auf den ersten Blick nicht sogleich erfasst wird, erweist sich als hermeneutischer Schlüssel, der das gesamte Konzilsgeschehen in neuen Perspektiven sehen und überraschende Zusammenhänge erkennen lässt. Ein Weg kann sich auftun, der mitten hinein in das Konzilszeugnis führt und zugleich mitten hinein in die menschliche Existenz, ihre Chancen und ihre Gefährdungen, ihre Freuden und ihre Leiden. Die hier dargelegten Erkenntnisse wollen helfen, diesen Weg zu suchen und zu gehen. Er kann dazu inspirieren, sich staunend und dankbar die Worte des Psalmisten zu Eigen zu machen:

„Was ist der Mensch, dass du an ihn denkst,
des Menschen Kind, dass du dich seiner annimmst?" (Ps 8,5).

Paul-Werner Scheele

I. Die Frage

1. Die persönliche Frage

Wenn wir fragen: „Wer bin ich? Was ist der Mensch?" enthalten unsere Fragen bereits eine erste Antwort. Sie lautet: Ich bin ein *Fragewesen.* Der Mensch ist ein Wesen, das Fragen stellen *kann*, ja, das Fragen stellen *muss.* Schon bevor das Kind die erste Frage artikulieren kann, ist sein Da-sein eine Frage: „Wo bin ich? Was ist los? Wer hilft mir?" Man könnte meinen, das sei im Grunde dasselbe Verhalten, das dem Tier zu Eigen ist. Auch das Tier muss sich auf seine Weise in der Welt zurechtfinden, muss erfassen, was ihm nützt und was ihm schadet. Vom Gelingen dieses Unternehmens hängt sein Leben ab. Die moderne Verhaltensforschung hat uns eine Fülle interessanter Einzelfakten erschlossen, die etliches Licht auch auf das Menschsein werfen können. Das sollte uns nicht übersehen lassen, dass menschliches Fragen mehr ist. Bei jedem Heranwachsenden wird das deutlich. Es ist einer der großen Augenblicke im Leben eines jeden Menschen, wenn erstmals das „Warum?" ausgesprochen wird, jenes Warum, von dem der Mensch fortan nicht mehr lassen kann. Es hat seinen tiefen Sinn, wenn das erste Wort, das uns Lukas in seinem Evangelium von Jesus überliefert, „Warum" heißt. Dieses Wort hat ihn bis in den Tod begleitet. Ein notvolles „Warum?" gehört zu den letzten Worten des Gekreuzigten (Mt 24,46).

Weitere Fragen, die sich von Kindheit an aufdrängen, lauten: „Wie heißt das? Was ist das? Wer bist du?" In all diesen

Fragen kündet sich mehr an als ein Herantasten an das Brauchbare und Nützliche; es ereignet sich mehr als ein Anpassen an die Gesetzlichkeiten der Umwelt. Der Mensch hinterfragt das, was er braucht, und fragt über es hinaus. Er fragt nach dem Sinn und Sein überhaupt. Er will schließlich wissen, was ist, warum es so ist und nicht anders, warum es ist und nicht nicht ist.

Die mit all dem verbundene Frage „Wer bin ich?" wird besonders dringlich und nicht selten bedrängend, wenn Nöte und Leiden zu verkraften sind. So bezeugt es der Dulder Ijob. Schmerzliche Erfahrungen lassen ihn fragen:

„Ist nicht Kriegsdienst des Menschen Leben auf der Erde?
Sind nicht seine Tage die eines Tagelöhners?
Wie ein Knecht ist er, der nach Schatten lechzt,
wie ein Tagelöhner, der auf den Lohn wartet.
So wurden Monde voll Enttäuschung mein Erbe,
und Nächte voller Mühsal teilte man mir zu.
Lege ich mich nieder, sage ich:
Wann darf ich aufstehen?
Wird es Abend, bin ich gesättigt mit Unrast,
bis es dämmert.
Mein Leib ist gekleidet in Maden und Schorf,
meine Haut schrumpft und eitert.
Schneller als das Weberschiffchen eilen meine Tage,
der Faden geht aus, sie schwinden dahin.
Denk daran, dass mein Leben nur ein Hauch ist.
Nie mehr schaut mein Auge Glück.
Kein Auge gewahrt mich, das nach mir sieht,
suchen mich deine Augen,
dann bin ich nicht mehr da.
Die Wolke schwindet, vergeht,
so steigt nie mehr auf, wer zu Unterwelt fuhr.

Nie kehrt er zurück in sein Haus,
nie mehr erblickt ihn sein Ort.
So wehre ich nicht meinem Mund,
mit bedrängtem Geist will ich reden …
Was ist der Mensch?“ (Ijob 7,1–11.17).

2. Die Menschheitsfrage

Schauen wir uns in unserer Geschichte um, dann stellen wir fest: „Die Frage ‚Was ist der Mensch?‘ ist die Grundfrage des Abendlandes.“[1] Typisch dafür ist *Sokrates:* „‚Erkenne dich selbst!‘ ist das Programm seines Denkens (Apologie 21 a). Sokrates erkennt, dass kein Mensch ein wirklich menschliches Leben führen kann, wenn er sich der Frage nach seinem eigenen Menschsein verweigert (ebd. 38 a). Der Mensch unterscheidet sich von allen anderen Lebewesen dadurch, dass er nach sich selbst fragen kann; er ist kein bloßes Objekt, das einfach vorhanden und für andere zuhanden ist, er ist Subjekt, das sich selbst gehört, sich selbst gegeben und aufgegeben ist. Sokrates weiß aber auch, dass die Frage des Menschen nach sich letztlich darin mündet, dass man nichts weiß (ebd. 23 b). Der Mensch, der nach sich selbst fragt, kann sich als den Fragenden nie einholen; so wird der Mensch sich selbst zu einer Frage und zu einem unauslotbaren Geheimnis.“[2]

Zu demselben Ergebnis kommen auch Denker unserer Zeit. So erklärt Karl Jaspers: „Was wir selbst sind, ist so geheimnisvoll wie die Welt. Wenn unser Erkennen der Weltrealitäten sich in den Jahrtausenden und in den letzten Jahr-

1 W. Kasper, in: Ders., Unser Wissen vom Menschen (Hg.), Düsseldorf 1977, 97.

2 Ebd.

hunderten unermesslich erweitert hat, wissen wir, was wir eigentlich sind, heute so wenig wie damals."[3] „‚Keine Zeit', sagt Heidegger in seiner Schrift ‚Kant und das Problem der Metaphysik', ‚hat so viel und so Mannigfaltiges vom Menschen gewusst wie die heutige … Aber auch keine Zeit wusste weniger, was der Mensch sei, als die heutige.'"[4]

Das II. Vatikanische Konzil ist sich dieser Gegebenheit bewusst. Es nimmt wahr, wie der Zeitgenosse „oft ratlos über sich selbst ist."[5] Im Hinblick auf den Atheismus halten die Konzilsväter fest: „Jeder Mensch bleibt voräufig sich selbst eine ungelöste Frage, die er dunkel spürt. Denn niemand kann in gewissen Augenblicken, besonders in den bedeutenderen Ereignissen des Lebens diese Frage gänzlich verdrängen."[6] „Wonach er fragt, ist darum er selber."[7]

In seinen Vorlesungen zur Logik hat Immanuel Kant die Grundfragen des Menschen wie folgt zusammengefasst:

„1. Was kann ich wissen?
2. Was soll ich tun?
3. Was darf ich hoffen?
4. Was ist der Mensch?"[8]

3 K. Jaspers, Der philosophische Glaube angesichts der Offenbarung, München 1962, 30.

4 M. Buber, Werke I, München und Heidelberg 1962, 380.

5 II. Vatikanisches Konzil, Pastorale Konstitution über die Kirche in der Welt von heute „Gaudium et spes" n. 4,3; zit.: GS.

6 GS n. 21,4.

7 GS n. 9,4.

8 I. Kant, Vorlesungen über Logik IX, 25 (Königsberg 1800), in: Schriften zur Metaphysik III, Darmstadt 1959, A 25.

Nach seiner Sicht ist die 4. Frage die wichtigste, „weil sich die drei ersten Fragen auf die letzte beziehen."[9]

Was hat das Konzil zu dieser Frage aller Fragen beigetragen?

9 Ebd.

II. Die Antwort

1. Die Ermittlung der Antwort

Von den sechzehn Dokumenten des Vaticanums II. ist kein einziges direkt der Frage nach dem Menschen gewidmet. Im Mittelpunkt des Konzils steht die Kirche. Ihre Erneuerung wird erstrebt durch die Besinnung auf ihr Wesen und Wirken, auf ihr inneres Leben und auf ihren Weltauftrag. Die erste Konstitution beginnt mit den Worten: „Das Heilige Konzil hat sich zum Ziel gesetzt, das christliche Leben unter den Gläubigen mehr und mehr zu vertiefen, die dem Wechsel unterworfenen Einrichtungen den Notwendigkeiten unseres Zeitalters besser anzupassen, zu fördern, was immer der Einheit aller, die an Christus glauben, beitragen kann."[10] Der einleitende Artikel der Kirchenkonstitution sagt von deren Zielsetzung, es gehe darum, das Wesen der Kirche „und ihre universale Sendung ihren Gläubigen und aller Welt eingehender zu erklären."[11] Dabei wird wiederum auf die aktuelle Situation Bezug genommen: „Die gegenwärtigen Zeitverhältnisse geben dieser Aufgabe der Kirche eine besondere Dringlichkeit, dass nämlich alle Menschen, die heute durch vielfältige soziale, technische und kulturelle Bande enger mit-

10 II. Vatikanisches Konzil, Konstitution über die heilige Liturgie „Sacrosanctum Concilium" n. 1; zit.: SC.

11 II. Vatikanisches Konzil, Dogmatische Konstitution über die Kirche „Lumen Gentium" n. 1; zit.: LG.

einander verbunden sind, auch die volle Einheit in Christus erlangen."[12]

Bei aller Konzentration auf diese Zielsetzung finden sich gleichwohl in den verschiedensten Dokumenten hilfreiche Antworten auf die Frage nach dem Menschen. Die meisten von ihnen begegnen uns in der *Pastoralen Konstitution über die Kirche in der Welt von heute.* Sie geht von der Situation des Menschen in der heutigen Welt aus[13] und widmet den ersten Hauptteil der Berufung des Menschen[14]. Wörtlich wird die Frage: „Was ist der Mensch?" aufgenommen. Sie wird um die damit zusammenhängenden Herausforderungen erweitert. Das geschieht im Kontext der aktuellen Situation samt aller respektablen Fortschritte. Es heißt: Angesichts der heutigen Weltentwicklung wächst „die Zahl derer, die die Grundfragen stellen oder mit neuer Schärfe spüren: Was ist der Mensch? Was ist der Sinn des Schmerzes, des Bösen, des Todes – alles Dinge, die trotz solchen Fortschritts noch immer weiterbestehen? Wozu diese Siege, wenn sie so teuer erkämpft werden mussten? Was kann der Mensch der Gesellschaft geben, was von ihr erwarten? Was kommt nach diesem irdischen Leben?"[15] Die existenzielle Bedeutung dieser Fragen spiegelt der Satz wider: „Wonach er fragt, ist darum er selber."[16]

Bei der Vergegenwärtigung der Zeichen der Zeit machen sich die Konzilsväter die komplexe Lage bewusst, die durch Fortschritte wie durch Rückschläge gekennzeichnet ist. Sie realistisch zu erfassen ist nicht leicht angesichts der Veränderungen, die immer wieder zu verzeichnen sind. „Der Gang

12 Ebd.
13 GS n. 4–10.
14 GS n. 11–45.
15 GS 10,1.
16 GS 9,4.

der Geschichte selbst erfährt eine so rasche Beschleunigung, dass der Einzelne schon kaum mehr zu folgen vermag."[17] Entgegengesetzte Phänomene bringen eine wachsende Verunsicherung mit sich. „So dehnt der Mensch seine Macht so weit aus und kann sie doch nicht immer so steuern, dass sie ihm wirklich dient. Er unternimmt es, in immer tiefere seelische Bereiche einzudringen, und scheint doch oft ratlos über sich selbst."[18] Besonders bedrohlich erscheint die wachsende Kluft zwischen den Reichen und den Armen: „Noch niemals verfügte die Menschheit über soviel Reichtum, Möglichkeiten und wirtschaftliche Macht, und doch leidet noch ein ungeheurer Teil der Bewohner unserer Erde Hunger und Not."[19] Das ist eine ernste Gefährdung der gesamten Menschheit, deren Einheit sich gerade in unserer Zeit anbahnt: „Die Welt spürt lebhaft ihre Einheit und die wechselseitige Abhängigkeit aller von allen in einer notwendigen Solidarität und wird doch zugleich heftig von einander widerstreitenden Kräften auseinandergerissen."[20] Der Hinweis auf die Gefahr eines weiteren Krieges hat sich in den Jahrzehnten seither als realistisch erwiesen. Angesichts dieser Situation will das Konzil „alle Menschen ansprechen, um das Geheimnis des Menschen zu erhellen und mitzuwirken dabei, dass für die dringlichsten Fragen unserer Zeit eine Lösung gefunden wird."[21]

Im Blick auf diese Aufgabe hat das Konzil auch *in anderen Dokumenten* Wesentliches gesagt. Selbst wenn das gelegentlich wie beiläufig geschieht verdanken wir diesen Zeugnissen wichtige Antworten auf die Frage: „Was ist der Mensch?" Auf

17 GS 5,3.
18 GS 4,3.
19 GS 4,4.
20 Ebd.
21 GS 10,2.

einige von ihnen sei vorab hingewiesen. Weitere einschlägige Aussagen sind aufzugreifen, wenn es in der Folge näherhin um die Konzilsaussagen zum Wesen und Wirken des Menschen geht.

Eine kompakte Zusammenfassung des menschlichen Schicksals von seinem Ursprung her bis hin zu seiner Vollendung findet sich am Anfang der Kirchenkonstitution. Sie weist hin auf den „völlig freien Ratschluss“ des ewigen Vaters, „die von ihm geschaffenen Menschen“ zur Teilhabe an dem göttlichen Leben zu erheben.[22] Alle Erwählten „hat der Vater vor aller Zeit ‚vorhergekannt und vorherbestimmt, gleichförmig zu werden dem Bild seines Sohnes, auf dass dieser der Erstgeborene sei unter vielen Brüdern‘ (Röm 8,29).“[23] Das Dekret über die Missionstätigkeit der Kirche erinnert zurecht daran, das die Kirche durch ihre Verkündigung „dem Menschen die ursprüngliche Wahrheit dessen (offenbart), was es um ihn ist und worin seine volle Berufung liegt.“[24]

Das Konzil weiß sich bei diesen Aussagen mit dem Fragen und Suchen aller Religionen verbunden. Viele Menschen erwarten von ihnen „Antwort auf die ungelösten Rätsel des menschlichen Daseins, die heute wie von je die Herzen der Menschen im tiefsten bewegen: Was ist der Mensch? Was ist Sinn und Ziel unseres Lebens? Was ist das Gute, was die Sünde? Woher kommt das Leid, und welchen Sinn hat es? Was ist der Weg zum wahren Glück? Was ist der Tod, das Gericht und die Vergeltung nach dem Tode? Und schließlich: Was ist jenes

22 LG 2.

23 Ebd.

24 II. Vatikanisches Konzil, Dekret über die Missionstätigkeit der Kirche „Ad gentes“ n. 8; zit.: AG.

letzte und unsagbare Geheimnis unserer Existenz, aus dem wir kommen und wohin wir gehen?“[25]

Es versteht sich, dass sich wichtige anthropologische Aussagen in der Erklärung über die Religionsfreiheit finden, wie es bereits deren Titel „Dignitatis humanae“ anzeigt. Als letztes Dokument des Konzils ist es ein Hinweis auf das, was alle seine Aussagen auf die eine oder andere Weise implizieren: „Die Würde der menschlichen Person.“[26]

2. Elemente der Antwort

2.1. Geliebtes Geschöpf

Die erste und zugleich fundamentale Antwort auf die Frage: „Was ist der Mensch?“ heißt: „Er ist ein geliebtes Geschöpf.“ Die grundlegende Bedeutung dieser Antwort zeigt sich im Konzil in der Tatsache, dass sie uns in wichtigen Dokumenten gleich an deren Anfang in verschiedenen Umschreibungen begegnet.[27] Beim Eingehen auf den Atheismus stellt die Pastoralkonstitution zu Beginn heraus: Der Mensch existiert nur, „weil er, von Gott aus Liebe geschaffen, immer aus Liebe erhalten wird; und er lebt nicht voll gemäß der Wahrheit, wenn er diese Liebe nicht frei anerkennt und sich seinem Schöpfer anheimgibt.“[28] Liebe ist der Schlüssel zum Wesen und Wirken des Menschen. Aus Liebe ist er erdacht und bejaht. Aus Liebe ist er erschaffen. Liebe umfängt ihn und erhält ihn. Zum Mit-lieben mit seinem Schöpfer ist er beru-

25 II. Vatikanisches Konzil, Erklärung über das Verhältnis der Kirche zu den nichtchristlichen Religionen „Nostra aetate“ n. 1,3; zit.: NÄ.

26 II. Vatikanisches Konzil, Erklärung über die Religionsfreiheit „Dignitatis humanae“ n. 1; zit.: DH.

27 LG n. 2f.; AG n. 2; DV n.3; GS n.2.

28 GS n. 19.

fen. Liebe ist das Grundgebot seines Handelns. Das ihm zugedachte ewige Leben ist ein ewiges Lieben. Der dreieine Gott will dem Menschen Anteil an der Seligkeit seiner Liebe geben, er will ihn hineinnehmen in sein Leben der Liebe.

Diese Verwurzelung des Menschen in der Dreieinigkeit zu bezeugen ist ein besonderes Anliegen des Konzils. Dabei kommt es zu substantiellen Äußerungen über das Geheimnis des dreieinen Gottes. So heißt es im Dekret über die Missionstätigkeit der Kirche: Der Vater, „der ursprungslose Ursprung, aus dem der Sohn gezeugt wird und der Heilige Geist durch den Sohn hervorgeht, hat uns in seiner übergroßen Barmherzigkeit und Güte aus freien Stücken geschaffen und überdies gnadenweise gerufen, Gemeinschaft zu haben mit ihm in Leben und Herrlichkeit. Er hat die göttliche Güte freigebig ausgegossen und gießt sie immerfort aus, so dass er, der Schöpfer von allem, endlich ‚alles in allem' (1 Kor 15,28) sein wird, indem er zugleich seine Herrlichkeit und unsere Seligkeit bewirkt."[29]

Der Duktus dieses Zeugnisses entspricht dem der Heiligen Schrift, die vor allem vom *Vater* als dem Schöpfer spricht. Ähnlich verfahren die altkirchlichen Glaubensbekenntnisse. Dem „ursprungslosen Ursprung"[30] wird in besonderer Weise das Schaffen appropriiert. So heißt es zu Beginn des Hebräerbriefs: „Viele Male und auf vielerlei Weise hat Gott einst zu den Vätern gesprochen durch die Propheten; in dieser Endzeit aber hat er zu uns gesprochen durch den Sohn, den er zum Erben des Alls eingesetzt und durch den er auch die Welt erschaffen hat; er ist der Abglanz seiner Herrlichkeit und das

29 AG n. 2,2.

30 H. Denzinger, Kompendium der Glaubensbekenntnisse und kirchlichen Lehrentscheidungen, hg. v. P. Hünermann, Freiburg [37]1991, Dekret für die Jakobiten, n. 1331, S. 461; zit.: DH.

Abbild seines Wesens, er trägt das All durch sein machtvolles Wort" (Hebr 1,1–3). Vier der hier verwandten Begriffe werfen Licht auf das innergöttliche Leben wie auf die Weise des dreieinigen Schaffens und damit auch auf den Menschen: Ausstrahlung, Wort, Abbild, Sohn. Sie verweisen so auf ein geistiges, ein dialogisches und ein bildnerisches Geschehen und in all dem auf das Wesen und Wirken der Liebe.

Geistiges Geschehen ist ausgezeichnet durch Erkennen und Wollen. Sieht man die Dreieinigkeit als geistiges Geschehen, so erfasst man sie als Tatwirklichkeit, die von Grund auf Denken und Lieben ist. Gottes Wesen ist so gesehen – „sein Erkennen und sein Wollen."[31] Im Lebensvollzug des göttlichen Erkennens ist alle Wahrheit erfasst, ist somit alles Geschöpfliche erdacht, bedacht, durchdacht. Im Lebensvollzug des göttlichen Wollens ist alles Gute und Heilige bejaht, sind somit alle geschöpflichen Werke mitgewollt. Dass der Vater alles durch seinen Sohn im Heiligen Geist erschafft heißt unter diesem Aspekt: Alles, was es gibt, ist gottgegeben in einem Geschehen, das sich durch das göttliche Erkennen im göttlichen Lieben vollzieht. Gott erkennt und liebt sich und die Welt und jeden Menschen in einem einzigen Akt, „sich unendlich als Unendliches, die Schöpfung als endlich."[32] Näherhin lässt sich mit Herman Schell sagen: Gottes „Denken ist gestaltende, erfinderische Bestimmung des inhaltlichen Wesens der Dinge, sowie ihrer ganzen Naturbeschaffenheit mit Kräften, Eigenschaften und Beziehungen. Dadurch wird begründet und erklärt, was die Dinge sind. Das Wollen des Schöpfers gibt den so gedachten und bestimmten Wesensbildern das Dasein, die Daseinskraft und eigene Wirksamkeit, kurz, ihre Wirklichkeit und Tatsächlichkeit, Individualität und Persön-

31 H. Schell, Das Wirken des dreieinigen Gottes, Mainz 1885, 252.

32 H. Volk, Gott alles in allem, Mainz 1961,10.

lichkeit."[33] Alle Dinge verdanken „ihre ganze Wahrheit dem freien Schöpfungsworte, ihre ganze Güte der reinsten Freigebigkeit der freien Erbarmung Gottes."[34]

Versteht man das Leben der Dreifaltigkeit als *dialogisches Geschehen*, dann lässt sich Folgendes sagen: Der Vater spricht alle Wahrheit in dem einen Wort aus, das göttlich groß wie er selber ist. Es umschließt deshalb nicht nur als weiter, aber toter Begriff alle Aussagen, es ist lebendiges Wort, genauer gesagt: Antwort. Wort und Antwort gehören zusammen. Sie summieren nicht ein Ich und ein Du, sie konstituieren ein *Wir*. Der Geist dieses Wir ist der Heilige Geist. Im Blick auf das göttliche Schaffen besagt das: In der Artikulation des einen, allumfassenden Wortes ist auch alle Schöpfungswahrheit ausgesprochen. In diesem Geschehen gründet die Möglichkeit und Wirklichkeit jedes einzelnen Wesens wie des gesamten Weltplanes. „In einem und demselben Wort spricht Gott sich selbst aus und alles, was er macht."[35]

Das Schaffen durch das Wort hat seinen letzten Grund und seinen äußersten Gipfel im göttlichen Ur-Wort. „Alles ist durch das Wort geworden, und ohne es wurde nichts, was geworden ist" (Joh 1,3). Das ewige Wort des Vaters ist „das ebenbürtige und darum einfache Bild der göttlichen Vollkommenheit, und zugleich das Prinzip ihrer Entfaltung im Universum. Was das Wort selbst in einfacher und vollkommener Weise ist, das ist die Schöpfung ... in vielgestaltiger Nachahmung: in ihren niedern Gattungen eine nur objektive Darstellung der göttlichen Vollkommenheit, eine Offenbarung für andere; in ihren höhern Ordnungen ist sie dagegen

33 H. Schell, Kleinere Schriften, hg. v. K. Hennemann, Paderborn 1908, 248.

34 Schell, wie Anm. 31,221.

35 Anselm von Canterbury, Monologion 33.

zugleich objektive Entfaltung und subjektive Erkenntnis der geoffenbarten Größe Gottes. Letztere Ordnungen sind dem Logos verwandter, da er selbst nicht allein der objektive Ausdruck der göttlichen Herrlichkeit ist, sondern zugleich als vollkommene Person dasjenige erkennt, was er offenbar macht."[36]

Sucht man das Leben der Dreifaltigkeit als ein *bildnerisches Geschehen* zu verstehen, so ergibt sich dieses: Der Vater hat niemals ein- und abgeschlossen für sich allein gelebt. Er lebt immerzu in einer Ek-stase, in der er ganz aus sich heraustritt, um sich mitzuteilen im vollen Sinn des Wortes. Erste Frucht dieses Geschehens ist sein göttliches *Ebenbild*. Während Menschen immer nur etwas von ihrem Inneren Gestalt werden lassen können – gerade die größten Künstler empfinden das aufs schmerzlichste – kann und will der Vater alles hergeben; er will sich nicht nur „äußern": er will sich „ent-äußern". Deshalb gibt es nicht nur irgendein Abbild, sondern ein Ebenbild, das göttlich groß ist wie sein Urbild und Ursprung. In diesem Ebenbild findet alles Gestalt, was im Schaffen realisiert wird. Entsprechend heißt es im Kolosserbrief im Hinblick auf Christus: „Er ist das Bild des unsichtbaren Gottes, der Erstgeborene der ganzen Schöpfung" (Kol 1,15). Das Ebenbild des Vaters ist als solches das Urbild alles Geschaffenen. Dieses Bild steht nicht nur am Anfang, sondern auch am Ende aller Dinge: „In ihm wurde alles erschaffen im Himmel und auf Erden …; alles ist durch ihn und auf ihn hin erschaffen. Er ist vor aller Schöpfung, und in ihm hat alles Bestand" (Kol 1,16 f.).

Versteht man das Leben der Dreifaltigkeit als *Liebesgeschehen*, so lässt sich dieses sagen: Im ewig-seligen Liebesaustausch der göttlichen Personen ist der Vater der Urgrund der Liebe, der sich ganz hingibt. Frucht dieses Geschehens ist der

36 Schell, wie Anm. 31, 251.

göttliche Sohn. Person gewordene Gestalt der göttlichen Liebe ist der Heilige Geist. Mit Worten der Pfortenschwester Julitta gesagt: Gott Vater „schenkt dem Sohn sein eigenes göttliches Leben mit unermesslicher göttlicher Liebe, liebt sich selbst in seiner göttlichen Erkenntnis und Weisheit durch seinen göttlichen Sohn mit unendlichem Wohlgefallen, und wird mit derselben göttlichen Liebe wiedergeliebt und verherrlicht von seinem wesensgleichen göttlichen Sohn in dessen Hingabe an ihn zum gemeinsamen Wirken in der Liebe des Heiligen Geistes, der dritten göttlichen Person, die als Band der Liebe Vater und Sohn umschlingt und einigt."[37]

Im Ja zu seinem Sohn bejaht der Vater alles was ist, was sein kann und sein wird. Nicht durch irgendein Werkzeug, sondern durch sein Persönlichstes, seinen einzigen Sohn, schafft der Vater alles und verbindet sich so mit allen und allem in persönlicher Liebe. Im Ja des Sohnes ist alles was ist, was sein kann und sein wird, umgriffen und in die Bewegung zum Vater hineingenommen.

Der Heilige Geist als die Konkretgestalt der göttlichen Liebe ist auch die Konkretgestalt des göttlichen Jawortes, dem alle Geschöpfe ihr Dasein verdanken. So ist er auch in der Schöpfungsordnung „Herr und Lebensspender"[38]. Das Band der Liebe zwischen Vater und Sohn ist auch das Band der Liebe zwischen Schöpfer und Schöpfung. „Wie die Dinge ein ewiges, ideales im Sohne ausgedrücktes Sein haben, so sind sie auch trotz ihrer Zeitlichkeit ewig von der im Heiligen Geist aufflutenden Liebe Gottes umkreist."[39] Mit Walter Kern können wir resümieren: „Die Aussage, dass die Welt vom Vater

37 Schwester Maria Julitta, Ihr geistliches Vermächtnis, hg. von A. M. Back, Volkach ^{3}1970,78.

38 DH 150.

39 M. Schmaus, Katholische Dogmatik, Bd. 2, München 1949,49.

durch den Sohn im Heiligen Geist geschaffen ist, wird – ganzheitlich, vollzugshaft, als Geschehen gefasst – zur Mitte theologischer heilsgeschichtlicher Auslegung des Schöpfungsglaubens. Die Aussage, dass Gott die Welt *durchs Wort* schafft, war ihr Prolog. Die Aussage, dass die Schöpfung *Gabe der Liebe* ist, wird ihr Epilog sein."[40]

Das göttliche Schaffen bringt ganz und gar Neues hervor, das in allem von ihm abhängt, mit ihm zusammenhängt und zugleich zur Eigenständigkeit und Eigenwirklichkeit kommt. Eine wichtige Kurzformel für das Einzigartige des allbegründenden Schaffens heißt: „Creatio ex nihilo". So knapp sie ist, sie birgt einen „Extrakt der ganzen Schöpfungstheologie"[41].

Im 2. Makkabäerbuch ist erstmals von der Schöpfung aus dem Nichts die Rede. Diese Worte begegnen uns nicht in Überlegungen einer Studierstube oder in der Diskussion von Gelehrten. Sie gehören zum Bericht über das Martyrium der sieben makkabäischen Brüder und ihrer Mutter (2 Makk 7,1–42). Als sechs von ihnen grausam getötet waren, blieb nur noch der jüngste übrig. „Auf ihn redete der König nicht nur mit guten Worten ein, sondern versprach ihm unter vielen Eiden, ihn reich und glücklich zu machen, wenn er von der Lebensart seiner Väter abfalle, auch wolle er ihn zu seinem Freund machen und ihn mit hohen Staatsämtern betrauen. Als der Junge nicht darauf einging, rief der König die Mutter und redete ihr zu, sie solle dem Knaben doch raten, sich zu retten. Erst nach langem Zureden willigte sie ein, ihren Sohn zu überreden. Sie beugte sich zu ihm nieder, und den grausamen Tyrannen verspottend, sagte sie in ihrer Muttersprache: Mein Sohn, hab Mitleid mit mir! Neun Monate habe ich dich

40 W. Kern in: Mysterium Salutis, hg. von J. Feiner u. M. Löhrer, Bd. II, Einsiedeln 1967, 494.

41 Ders., a. a. O., 508.

mit meinem Leib getragen; ich habe dich drei Jahre gestillt, dich ernährt, erzogen und für dich gesorgt, bis du nun so groß geworden bist. Ich bitte dich, mein Kind, schau dir den Himmel und die Erde an; sieh alles, was es da gibt, und erkenne: Gott hat das aus dem Nichts erschaffen, und so entstehen auch die Menschen. Hab keine Angst vor diesem Henker, sei deiner Brüder würdig, und nimm den Tod an! Dann werde ich dich zur Zeit der Gnade mit deinen Brüdern wiederbekommen" (2 Makk 7,24–29).

Hier wird deutlich, dass die Wahrheit von der Erschaffung aus dem Nichts Orientierungs-, Entscheidungs- und Lebenshilfe ist. In der zerreißenden Spannung von Gericht und Hinrichtung weist sie auf die größere, hinreißende Spannung von anfänglicher Schöpfung und endgültiger Vollendung „zur Zeit der Gnade". Die Mutter weiß diese Wahrheit nicht nur im Blick auf das Weltall zu sagen, sie erschließt sie ihrem Sohn im Bezug auf seine Existenz, auf sein Werden, sein Leben, seine jetzige Not und seine Vollendung.

Ähnlich vielschichtig und wiederum existentiell engagiert ist die am nächsten verwandte Formulierung im Neuen Testament. Wir verdanken sie dem heiligen Paulus. Während er im Römerbrief vom Glauben und dessen entscheidender Bedeutung spricht, lenkt er den Blick auf das Vorbild Abrahams. Er sagt von ihm, dass er an Gott geglaubt hat als den, „der die Toten lebendig macht und das, was nichts ist, ins Dasein ruft" (Röm 4,17). Auch hier geht es nicht um abstrakte Spekulation. Der Apostel reitet kein philosophisches Steckenpferd. Er will die Radikalität des Glaubens zum Ausdruck bringen, der wider alle Hoffnung hoffend auf die schöpferische Macht Gottes setzt, die selbst Tote zu erwecken vermag und das Nichtseiende ins Dasein rufen kann und will.

Manchmal ist die Redeweise vom Nichts missverstanden worden. Man hat dieses als eine wenn auch noch so minimale Gegebenheit angesehen, eine Art Urstoff, den der Schöpfer vorgefunden hat. Gerade das ist nicht gemeint. Man hat auch gesagt: „Aus nichts wird nichts." Das ist in der Tat so; eben dies kann uns auf die richtige Spur bringen. Aus Nichts wird nichts, aber: Aus Allem wird alles. Aus der göttlichen All-Ursache und nichts anderem wird alles Geschöpfliche. Hinsichtlich der ganzen Welt bedeutet die Schöpfung aus dem Nichts: Alles geht mit allen Teilen allein auf den göttlichen Ursprung zurück. Hinsichtlich meiner Person und meines Lebens besagt es: Ich bin ganz und gar, im Ganzen und in jedem einzelnen Element gottverdankt und von Gott bleibend abhängig. Hinsichtlich Gottes soll das Reden von der creatio ex nihilo bewusst machen, wie allmächtig, allumfassend und frei sein Wirken ist. Wie das Wort „heilig" in seinem Ursinn nur Göttliches bezeichnet, so meint die Formulierung „Erschaffung aus dem Nichts" ein Handeln, das ausschließlich Gott vorbehalten bleibt.

Wie das Konzil lehrt vollzieht sich das Schaffen immerzu. Die Welt, die „durch die Liebe des Schöpfers begründet ist," wird durch sie auch erhalten.[42] Gott zieht sein Wort nicht zurück, durch das er „alles schafft (vgl. Joh 1,3) und erhält"[43]. Deshalb haben wir es immerzu mit dem Allherrn und dem Nichts zu tun. So hat man sagen können: Nichts steht dem Menschen so nahe wie das Alles und das Nichts. So kann Ludwig von Granada erklären: „Je länger du lebst, desto mehr wirst du erfahren, dass es auf Erden keinen Ort gibt, an dem das menschliche Herz so sehr daheim ist wie in Gott und im Nichts."[44] In dieselbe Richtung zielen die Worte des franzö-

42 GS n. 2,2.

43 DV n. 3.

44 Ludwig von Granada in: A. de la Gorce, Der Heilige der Heimatlosen, Kolmar o.J., 123.

sischen Kardinals Peter von Bérulle: „Der Mensch ist ein Nichts, das von Gott umgeben ist.“[45] So konnte der heilige Vinzenz Pallotti beten: „Was ich bin, ist nichts, und was in mir nicht nichts ist, das bist du, o Gott.“[46] In gläubigem Vertrauen darf jeder Mensch sich bewusst machen: „Ich bin ein Nichts in Gottes Hand.“

Weil wir nur durch Gottes Liebe leben und handeln können, ist er unsere stete Speise. Vinzenz Pallotti war von dieser Wahrheit, die allzu oft verkannt wird, zutiefst ergriffen. Begeistert hat er dafür gedankt und versucht, sein Leben von ihr bestimmen zu lassen. Er wagte es, von der Torheit der Liebe Gottes zu sprechen, da sie sich so unbegreiflich immerzu verschenkt und an jede Kreatur bindet. Er betet: „Mein Gott …, du bist unendliche Liebe (und) unendliche Barmherzigkeit. Du vergibst mir, wenn ich das kühne Wort zu sagen wage: Du bist für mich der Narr der Liebe und des Erbarmens. Denn in jedem Augenblick und immer, von aller Ewigkeit her denkst du an mich und gießest über mich unendliche Ströme der Gnade, der Huld, der Gaben, der Barmherzigkeit und aller dieser unendlichen Eigenschaften aus, die alle unendlich barmherzig sind. Du nährst mich immer, Gott Vater, Sohn und Heiliger Geist, und erhältst mich mit deinem ganzen Sein und Wesen, mit deiner Eigentümlichkeit (proprietà), mit deinem göttlichen Wirken und mit allen deinen unendlichen Eigenschaften … Du, mein Gott (bist) alles, alles, alles. Mein Gott! (Ich selbst) nichts, nichts, nichts. Mein Gott, mein Vater, meine unendliche Liebe!“[47]

45 A. a. O., 116.

46 E. Weber, Vinzenz Pallotti. Ein Apostel und Mystiker, Limburg [2]1961, 121.

47 V. Pallotti, Ausgewählte Schriften, hg. von B. Bayer u. J. Zweifel, Friedberg 1985, 310.

Zu den unverständlichen Dingen dieser Welt gehört, dass sich ein Mensch aus freien Stücken dem Nichts zuwendet, dass er sündigt. So oft wir auch der Sünde um uns und in uns begegnen, wir kennen sie nur oberflächlich. Der Pfarrer von Ars übertreibt nicht, wenn er sagt: „Gott allein weiß, was Sünde ist.“[48] Das „Geheimnis des Bösen“, von dem Paulus spricht (2 Thess 2,7), wird nur von Gott durchschaut. Wir erkennen es in dem Maße, wie Gott es uns zu erkennen gibt. Wer das Menschsein verstehen will, muss die Sünde realistisch sehen. Das Konzil hat dazu Hilfreiches gesagt. Es bezeugt mehrfach, dass der Mensch ein begnadigter Sünder ist.

2.2. Begnadigter Sünder

Gelegentlich hat man behauptet, das Konzil sei im Ganzen und speziell in seiner Pastoralkonstitution zu optimistisch gewesen und habe die Sünde und ihre Folgen nicht ernst genug genommen. Eine aufmerksame Lektüre kommt zu einem anderen Ergebnis. Nicht zu unterschätzen ist zudem das „Adsumus“, mit dem jedes Plenum eröffnet wurde. Mit ihm haben die Konzilsväter Tag für Tag bekannt, wie sehr Sünden sie belasten. Das Gebet aus einem Pontifikale, das um 950 in Mainz entstanden ist, beginnt mit den Worten: „Hier sind wir, Herr, Heiliger Geist. Hier sind wir, mit ungeheuren Sünden beladen, doch in deinem Namen ausdrücklich versammelt.“[49] Sie sehen sich in der „Welt der Menschen“, die unter die „Knechtschaft der Sünde geraten“ ist und unter der „Herr-

48 Jean-Marie Vianney, Der heilige Pfarrer von Ars in seinen Gesprächen und Predigten, hg. v. B. Rodet, Salzburg, 1959, 171.

49 Vater, die Stunde ist da. Gebete der Ökumene, hg. von P.-W. Scheele, Freiburg 1964, 63.

schaft des Bösen“ steht[50]. Sie bekennen: „Obwohl in Gerechtigkeit von Gott begründet, hat der Mensch unter dem Einfluss des Bösen gleich von Anfang der Geschichte an durch Auflehnung gegen Gott und den Willen, sein Ziel außerhalb Gottes zu erreichen, seine Freiheit missbraucht.“[51]

Die gesamte Geschichte der Menschheit steht im Schatten des Bösen. Dieses ereignet sich nicht nur dann und wann in dunklen Zeiten, die durch lichtvollere abgelöst werden; es tritt nicht nur bei verdorbenen Subjekten auf. Es wirkt sich allenthalben verderblich aus. Die Kirchenkonstitution spricht von einem „Reich der Sünde“, das selbst in den Jüngern Jesu zu finden ist[52]. Das ganze Volk Gottes bleibt „während seiner irdischen Pilgerschaft in seinen Gliedern der Sünde ausgesetzt.“[53] Immer wieder treten „Irrtümer und Übel“ zutage, „die aus der stets drohenden Verführung zur Sünde hervorgehen.“[54] So „umfasst die Kirche Sünder in ihrem eigenen Schoß“. Sie ist stets „der Reinigung bedürftig;“ sie ist immerzu aufgerufen, „den Weg der Buße und Erneuerung“ zu gehen.[55]

Zurecht bedauert Karl Rahner, dass das Thema „Kirche der Sünder“ in der katholischen Dogmatik „meist nur sehr oberflächlich behandelt“ wird, obgleich es „von solcher Tragweite für das Leben des Einzelnen ist.“[56] Er fordert: „Dieses Thema gehört also in eine vollständige und gleichmäßig ihren Gegenstand bedenkende Ekklesiologie hinein, denn dass es Glieder der Kirche gibt, die so Sünder sind, dass sie in schwerer Schuld leben, dass alle Glieder der Kirche, wenn wir von

50 GS n. 2.
51 GS n. 13.
52 LG n. 36,1.
53 UR n. 3,5.
54 GS n. 58,4.
55 LG n. 8,3.
56 K. Rahner, Schriften zur Theologie, Bd. VI, Einsiedeln 1965, 301.

Maria absehen, wahrhaft und demütig … bekennen müssen: ‚vergib uns unsere Schuld' … – das ist einfach explizites Dogma der Kirche."[57] Wie ernst man diese Lehre nahm zeigt die Synode von Karthago. Im Jahr 418 ging sie auf die ein, die die Vaterunserbitte um Verzeihung nur für andere aussprechen wollten und nicht für sich selbst, weil sie es nicht nötig hätten, und verhängte über sie das Anathema[58]. Der formelle Beschluss lautete: „Wer behauptet, die Worte aus dem Gebet des Herrn, wo wir sagen: ‚Vergib uns unsere Schuld' (Mt 6,12), würden von den Heiligen so gesagt, dass dies demütig, nicht wahrhaft gesagt werde, der sei mit dem Anathema belegt. Wer könnte nämlich einen ertragen, der betet und nicht Menschen, sondern den Herrn selbst anlügt, der mit den Lippen sagt, er wolle, dass ihm vergeben werde, und im Herzen sagt, er habe keine Schuld, die ihm vergeben werden könnte?"[59]

Die Sünde wirkt sich auf das gesamte Menschsein aus und damit auch auf das Menschenbild. Alle stehen unter der Herrschaft der Sünde, „wie es in der Schrift heißt:

> Es gibt keinen, der gerecht ist, auch nicht einen;
> es gibt keinen Verständigen, keinen der Gott sucht.
> Alle sind abtrünnig geworden,
> alle miteinander taugen nichts.
> Es gibt keinen, der Gutes tut, auch nicht einen einzigen"
> (Röm 3,10–12: Koh 7,20,Ps 14,1–3).

Das Konzil nimmt die Worte auf, mit denen Paulus dieses biblische Zeugnis zusammenfasst: „Alle haben nämlich gesündigt und ermangeln der Herrlichkeit unseres Gottes"

57 A. a. O., 321 f.
58 DH 229.
59 DH 230.

(Röm 3,23). Anschließend wird festgehalten: „Niemand wird durch sich selbst und aus eigener Kraft von der Sünde erlöst und über sich hinausgehoben, niemand vollends von seiner Schwachheit, Einsamkeit oder Knechtschaft frei gemacht.“[60] Erneut folgt das Konzil dem Völkerapostel und verbindet damit allgemeine menschliche Erfahrungen: „‚Obwohl sie Gott erkannten, haben sie ihn nicht als Gott verherrlicht, sondern ihr unverständiges Herz wurde verfinstert, und sie dienten den Geschöpfen statt dem Schöpfer.‘ (Vgl. Röm 1,21–25). Was uns aus der Offenbarung bekannt ist, steht mit der Erfahrung im Einklang. „Der Mensch erfährt sich, wenn er in sein Herz schaut, auch zum Bösen geneigt und verstrickt in vielfältige Übel, die nicht von seinem gütigen Schöpfer herkommen können. Oft weigert er sich, Gott als seinen Ursprung anzuerkennen; er durchbricht dadurch auch die geschuldete Ausrichtung auf sein letztes Ziel, zugleich aber auch seine ganze Ordnung hinsichtlich seiner selbst wie hinsichtlich der anderen Menschen und der ganzen Schöpfung.“[61] Das ganze Leben der Menschen, das einzelne wie das kollektive, stellt sich „als Kampf dar, und zwar als ein dramatischer, zwischen Gut und Böse, zwischen Licht und Finsternis. Ja, der Mensch findet sich unfähig, durch sich selbst die Angriffe des Bösen wirksam zu bekämpfen, so dass ein jeder sich wie in Ketten gefesselt fühlt.“[62]

Es zeigt sich, dass die Sünde den Menschen selbst mindert, „weil sie ihn hindert, seine Erfüllung zu erlangen.“[63] Das tritt in allen Dimensionen des Menschen zutage. Als Leib-Seele-Wesen vereint der Mensch „die Elemente der stofflichen Welt

60 AG n. 8.
61 GS n. 13,1.
62 GS n. 13,2.
63 Ebd.

in sich: Durch ihn erreichen diese die Höhe ihrer Bestimmung."[64] Die Sünde beeinträchtigt und gefährdet diese Berufung. „Durch die Sünde aber verwundet, erfährt er die Widerstände seiner Leiblichkeit."[65] Leib und Seele streiten widereinander und schaden sich wechselseitig.

Die Vernunft ist „infolge der Sünde zum Teil verdunkelt und geschwächt."[66] Damit sind dem Erkennen Grenzen gesetzt. Überdies kommt es zu Fehlurteilen, die in einem Subjektivismus begründet sind, der letztlich in der Sünde wurzelt. Selbst das Gewissen ist dieser Gefährdung ausgesetzt. Es ist „die verborgenste Mitte und das Heiligtum im Menschen, wo er allein ist mit Gott, dessen Stimme in diesem seinem Innersten zu hören ist."[67] Dennoch kann es „durch Gewöhnung an die Sünde allmählich fast blind" werden[68]. Unter der Sünde leidet auch das menschliche Wollen. „Als schwacher Mensch und Sünder tut er oft das, was er nicht will, und was er tun wollte, tut er nicht. So leidet er an einer inneren Zwiespältigkeit, und daraus entstehen viele und schwere Zerwürfnisse auch in der Gesellschaft."[69] Nicht zuletzt ist das eine Gefährdung des Friedens. Dieser ist „niemals endgültiger Besitz, sondern immer wieder neu zu erfüllende Aufgabe."[70] Sie wird dadurch erschwert, dass „der menschliche Wille schwankend und von der Sünde verwundet ist."[71]

So entsetzlich die Sünden und ihre Folgen sind, sie haben nicht dazu geführt, dass Gott sein Gnadenwirken einstellt und

64 GS n. 14,1.
65 Ebd.
66 GS n. 15,1.
67 GS n. 16.
68 Ebd.
69 GS n. 10,1.
70 GS n. 78,1.
71 Ebd.

von seinem Heilsplan ablässt. Die Liebe Gottes ist unendlich größer als alle Lieblosigkeit der Menschen. Sie lässt auch nicht von den Sündern ab. So kann der Völkerapostel, nachdem er den Römern das Unheil der Sünde eindringlich vor Augen gestellt hat, die Frohbotschaft verkünden: „Wo die Sünde mächtig wurde, da ist die Gnade übergroß geworden. Denn wie die Sünde herrschte und zum Tod führte, so soll auch die Gnade herrschen und durch Gerechtigkeit zu ewigem Leben führen, durch Jesus Christus, unseren Herrn" (Röm 5,20 f.). Das Konzil hat das auf seine Weise mehrfach bezeugt. Es lehrt, dass Gott allezeit allen Menschen seine Liebe geschenkt hat und auch weiterhin schenken wird. „Ohne Unterlass hat er für das Menschengeschlecht gesorgt, um allen das ewige Leben zu geben, die das Heil suchen durch Ausdauer im guten Handeln (vgl. Röm 2,6–7)."[72] Gottes „Vorsehung, die Bezeugung seiner Güte und sein Heilsratschluss erstrecken sich auf alle Menschen."[73] Nach dem Sündenfall verließ er die Menschen nicht, „sondern gewährte ihnen jederzeit Hilfen zum Heil."[74] „Er hat die Gnade freigebig ausgegossen und gießt sie immerfort aus."[75] Keine Sekunde lang hat es eine gnadenlose Zeit gegeben.

Das gilt insbesondere für die Menschen, die in nichtchristlichen Religionen leben. Erstmals in der Konzilsgeschichte hat sich das Vatikanum II verbindlich über diese geäußert. Dabei wurden erneut die Grundfragen des Menschen in den Blick gerückt. Sie können die „ungelösten Rätsel des menschlichen Daseins" bewusst machen, „die heute wie von je die Herzen

72 DV n. 3.

73 II. Vatikanisches Konzil, Erklärung über das Verhältnis der Kirche zu den nichtchristlichen Religionen „Nostra aetate" n. 1,2; zit.: NÄ.

74 LG n. 2.

75 AG n. 2,2.

der Menschen im tiefsten bewegen."[76] Was sagen die verschiedenen Religionen dazu? Das Konzil hat sich bemüht, das möglich positiv herauszustellen. Unter anderem heißt es im Blick auf die Gottesfrage: „Von den ältesten Zeiten bis zu unseren Tagen findet sich bei den verschiedenen Völkern eine gewisse Wahrnehmung jener verborgenen Macht, die dem Lauf der Welt und den Ereignissen des menschlichen Lebens gegenwärtig ist, und nicht selten findet sich auch die Anerkenntnis einer höchsten Gottheit oder sogar eines Vaters. Diese Wahrnehmung und Anerkenntnis durchtränkt ihr Leben mit einem tiefen religiösen Sinn."[77] Die Katholiken sollen, „jene geistlichen und sittlichen Güter und auch die kulturellen Werte, die sich bei ihnen finden, anerkennen, wahren und fördern."[78] „Die katholische Kirche lehnt nichts von alledem ab, was in diesen Religionen wahr und heilig ist. Mit aufrichtigem Ernst betrachtet sie jene Handlungs- und Lebensweisen, jene Vorschriften und Lehren, die zwar in manchem von dem abweichen, was sie selber für wahr hält und lehrt, doch nicht selten einen Strahl jener Wahrheit erkennen lassen, die alle Menschen erleuchtet. Unablässig aber verkündet sie und muss sie verkündigen Christus, der da ist ‚der Weg, die Wahrheit und das Leben' (Joh 14,6), in dem die Menschen die Fülle des religiösen Lebens finden, in dem Gott alles mit sich versöhnt hat."[79]

Durch Christus, mit ihm und in ihm vollzieht sich das Gnadenwirken des dreieinen Gottes in der Menschheit und speziell in den verschiedenen Religionen. Dem Vater hat es gefal-

76 NÄ n. 1,3.
77 NÄ n. 2,1.
78 NÄ n. 2,3.
79 NÄ n. 2,2.

len, „in Christus alles zu erneuern."[80] „Das Wort Gottes, durch das alles geworden ist, ist selbst Fleisch geworden und ist, auf der Erde der Menschen wohnend, als wirklicher Mensch in die Geschichte der Welt eingetreten, hat sie sich zu Eigen gemacht und in sich zusammengefasst."[81] Über alle Antworten hinaus, die auf die Frage „Was ist der Mensch?" in Worten gegeben werden, ist Christus die Antwort, die Gott uns gibt. Er ist eine Gestalt gewordene, konkrete, lebendige Antwort. Er ist wie keiner sonst das „Ecce homo", das Gott selbst uns vor Augen stellt. „Tatsächlich klärt sich nur im Geheimnis des fleischgewordenen Worts das Geheimnis des Menschen wahrhaft auf."[82] Als der neue Adam „zum Haupt der neuen Menschheit bestellt"[83], macht Christus „in der Offenbarung des Geheimnisses des Vaters und seiner Liebe den Menschen selbst voll kund und erschließt ihm seine höchste Berufung."[84] Diese Offenbarung bleibt nicht ohne Wirkung. Sie vermittelt den Menschen mehr als neue Erkenntnisse, sie schenkt eine neue Existenzweise. „Der ‚das Bild des unsichtbaren Gottes' (Kol 1,15) ist, er ist zugleich der vollkommene Mensch, der den Söhnen Adams die Gottebenbildlichkeit wiedergab, die von der ersten Sünde her verunstaltet war. Da in ihm die menschliche Natur angenommen wurde, ohne dabei verschlungen zu werden, ist sie dadurch auch schon in uns zu einer erhabenen Würde erhöht worden."[85] Eine andere Perspektive eröffnet die Konstitution, die eine „echte Lehre über die göttliche Offenbarung und deren Weitergabe vorlegen (will), damit die ganze Welt im Hören auf die Botschaft des

80 LG n. 3.
81 GS n. 38,1.
82 GS n. 22,1.
83 AG n 3,2
84 GS n. 22,1.
85 GS n 22,2.

Heiles glaubt, im Glauben hofft und in der Hoffnung liebt."[86] In dieser Sicht ist Christus durch sein ganzes Sein und Tun die Erfüllung der Offenbarung, die nicht zuletzt den Menschen betrifft. „Er ist es, der durch sein ganzes Dasein und seine ganze Erscheinung, durch Worte und Werke, durch Zeichen und Wunder, vor allem aber durch seinen Tod und seine herrliche Auferstehung von den Toten, schließlich durch die Sendung des Geistes der Wahrheit die Offenbarung erfüllt und abschließt und durch göttliches Zeugnis bekräftigt, dass Gott mit uns ist, um uns aus der Finsternis von Sünde und Tod zu befreien und zu ewigem Leben zu erwecken."[87]

Christus wirkt für alle Menschen „als Beispiel, Lehrer, Befreier, Lebensspender."[88] Von seinem Beispiel- und Lehrersein heißt es: „Für uns Sünder alle nahm er den Tod auf sich und belehrt uns so durch sein Beispiel, dass auch das Kreuz getragen werden muss, das Fleisch und Welt denen auf die Schultern legen, die Frieden und Gerechtigkeit suchen."[89]

Mit der Heiligen Schrift bekennt das Konzil, dass in Christus Gott und Mensch miteinander versöhnt werden. Gott sandte „seinen Sohn in unserem Fleisch, damit er durch ihn die Menschen der Gewalt der Finsternis und Satans entreiße und in ihm die Welt sich versöhne."[90] Dabei bezieht sich das Konzil auf das Zeugnis des Völkerapostels, der den Korinthern schreibt: „Ja, Gott war es, der in Christus die Welt mit sich versöhnt hat" (2 Kor 5,19). Der einzige Sohn des Vaters hat für diese Versöhnung sein Leben eingesetzt und schließlich am Kreuz geopfert. „Als unschuldiges Opferlamm hat er

86 DV n. 1.
87 DV n. 4.
88 AG n. 8.
89 GS n. 38,1.
90 AG n. 3,1.

freiwillig sein Blut vergossen und uns Leben erworben."[91] „Er ist die Sühne für unsere Sünden, aber nicht nur für unsere Sünden, sondern auch für die der ganzen Welt" (1 Joh 2,2).

„Solcher Art und so groß ist das Geheimnis des Menschen, das durch die christliche Offenbarung den Glaubenden aufleuchtet."[92]

2.3. Bruder/Schwester Christi

Wer eine umfassende Antwort auf die Frage „Was ist der Mensch?" sucht, muss im Geist die Grenzen des Raumes und der Zeit überschreiten. Verlässliche Orientierungshilfe findet sich im Römerbrief des heiligen Paulus. In wenigen Zeilen führt er hin zum Beginn der Liebesgeschichte Gottes mit den Menschen. Er kennzeichnet deren Phasen und schlägt so eine Brücke von der Ewigkeit hin zu unserer Gegenwart und Zukunft. Der Apostel schreibt: „Die er im Voraus erkannt hat, hat er auch im Voraus dazu bestimmt, an Wesen und Gestalt seines Sohnes teilzuhaben, damit dieser der Erstgeborene unter vielen Brüdern sei. Die er aber vorausbestimmt hat, die hat er auch berufen, und die er berufen hat, die hat er auch gerecht gemacht, die er aber gerecht gemacht hat, die hat er auch verherrlicht" (Röm 8,29 f.). Das Konzil hat dieses Zeugnis gleich am Anfang seiner Kirchenkonstitution aufgenommen und weitergegeben. Es lehrt vom ewigen Vater, der beschlossen hat, „die Menschen zur Teilhabe an dem göttlichen Leben zu erheben …: Alle Erwählten hat der Vater vor aller Zeit ‚vorhergekannt und vorherbestimmt, gleichförmig zu werden dem Bild seines Sohnes, auf dass dieser der Erst-

91 GS n. 22,3.
92 GS n. 22,6.

geborene sei unter vielen Brüdern' (Röm 8,29)."[93] Es fügt hinzu, dass der Vater, „uns in ihm (seinem Sohn) vor der Grundlegung der Welt erwählt und zur Sohnesannahme vorherbestimmt hat."[94] Heinrich Schlier sagt von diesem Mysterium: „An den Gott Liebenden, die, von Gott gerufen, in Gottes Ruf stehen, wird es Ereignis, dass die Urdefinition des menschlichen Daseins die ist: er teilt durch Christus und in Christus die Herrlichkeit der Seinsweise dieses erstgeborenen Bruders."[95] In seiner kurzen Erklärung des Römerbriefes schreibt Karl Barth über die Erlösten: Gott „hat ihrer von Ewigkeit her so gedacht, wie er von Ewigkeit her seines eigenen Sohnes gedachte, und damit hat er ihnen ihre Bestimmung für ihre zeitliche Existenz gegeben. Sie sind durch die Liebe, in der Gott seinen eigenen Sohn liebt, dazu bestimmt, seine Kinder zu sein und also ihn wieder zu lieben."[96]

Was im Römerbrief 8,29 f. als Bekenntnis ausgesagt wird begegnet uns im Loblied des Epheserbriefs auf den Heilsplan Gottes. Wiederum geht der Blick über unsere Welt hinaus hin zum ewigen Leben des Sohnes Gottes und das in ihm begründete menschliche Leben. „Gepriesen sei der Gott und Vater unseres Herrn Jesu Christus. Er hat uns mit allem Segen seines Geistes gesegnet durch unsere Gemeinschaft mit Christus im Himmel. Denn in ihm hat er uns erwählt vor der Grundlegung der Welt, damit wir heilig und untadelig leben vor ihm. Er hat uns aus Liebe im Voraus dazu bestimmt, seine Söhne zu werden, durch Jesus Christus und zu ihm zu gelangen nach seinem gnädigen Willen, zum Lob seiner herr-

93 LG n. 2.

94 LG n. 3.

95 H. Schlier, Der Römerbrief, Freiburg 1977, 272.

96 K. Barth, Kurze Erklärung des Römerbriefes, München u. Hamburg 1967, 105 f.

lichen Gnade“ (Eph 1,3–6). Für unser Menschsein bedeutet das: „Sofern wir in ihm sind, waren wir es immer schon. In ihm sein ist allem zuvor, allem ewig zuvor, das erste, was wir waren … Sein heißt für den Christen, der ja in Christus ist, nie nur in der Welt sein, nie nur Geschöpf sein, sondern auch: immer schon allem zuvor von Gott erwählt sein.“[97]

Es dauert lange, bis Eltern ihr Kind gründlich erkennen. Manche haben es mit Hilfe des Ultraschalls im Mutterschoß zum ersten Mal gesehen. Ganz anders lernen sie es kennen, wenn sie es nach der Geburt in ihren Händen halten können. Wenn es heranwächst kommen Schritt um Schritt neue Seiten in den Blick. Beim Erwachsenen erleben viele Eltern, dass sie ihr Kind bislang doch noch nicht richtig wahrgenommen haben. Bei Gott ist das nicht so. Er kennt seit eh und je jeden Menschen durch und durch. Sein ewiges Wort gibt sein Wesen und das Wesen aller Kreaturen unverkürzt und unverfälscht wieder. Das eine göttliche Wesenswort ist – um mit dem Buch der Weisheit zu sprechen – „Abglanz des ewigen Lichtes, ein makelloser Spiegel des göttlichen Wirkens und ein Ebenbild seiner Güte“ (Weish 7,26). In diesem Wort ist zugleich alles ausgesprochen und angesprochen, was es in der geschöpflichen Welt gegeben hat, gibt, geben könnte, geben kann und geben wird. „Der Vater spricht sich und alle Kreaturen im Worte aus, das er zeugt, insofern das gezeugte Wort hinlänglich den Vater und alle Kreatur darstellt.“[98] All das findet sich in dem einen Wort nicht in einem leb- und lieblosen Nebeneinander, es ist zu beseelter Einheit innerlichst verbunden. Mit Augustinus können wir festhalten: Das eine Wort umfasst „nicht nur was jetzt ist in der gesamten Schöpfung, sondern auch was je war und sein wird. In ihm ist aber nichts als ein

97 H. Schlier, Der Brief an die Epheser, Düsseldorf, [3]1962,50f.

98 Thomas von Aquin, Summa theologiae I, q. 37, a 2 ad 3.

Gewesenes oder ein Kommendes, sondern nur als gegenwärtig Daseiendes; alle sind sie Leben und alle Eins, mehr noch – es ist Eins und Ein Leben."[99] Was das für unsere persönliche Existenz bedeute, hat Meister Eckehart in einer kühnen Formulierung deutlich gemacht. Er schreibt: „Im ewigen Worte spricht Er meinen und deinen und eines jeden Menschen Geist gleich demselben Worte. In diesem Spruche, da bist du und ich ein natürlicher Sohn Gottes wie das Wort Gottes selbst. Der Vater und der Sohn und alle Dinge und das ewige Wort sind eins in diesem Lichte."[100] Im ewigen göttlichen Wort ist so das Wesensabbild des Vaters und zugleich das Wesensurbild aller Geschöpfe gegeben.

In freier Liebe entscheidet Gott, was aus dem im Voraus Erkannten verwirklicht wird. Von seinem schöpferischen Ja hängt die Existenz jeder Kreatur ab. Ihr Dasein ist ein Jasein. Es gründet in dem Ja Gottes und wird von ihm im Sein gehalten. Auch die irdische Existenz Jesu verdankt sich dem Ja, das der Vater im Heiligen Geist spricht. Jesus Christus ist das Gestalt gewordene, Person gewordene unermessliche Ja, das der unendlichen Größe des Vaters entspricht. Mitten in der Auseinandersetzung mit aufbegehrenden Korinthern weist Paulus auf dieses Geheimnis und seine Auswirkungen hin. Man hatte ihm Unzuverlässigkeit vorgeworfen und geäußert, bei ihm heiße es „ja, ja und nein, nein zugleich" (2 Kor 1,17). Der Apostel verwahrt sich dagegen. Er beschwört dabei die Treue Gottes und die einzigartige Größe Jesu Christi. Der Herr *ist* das *Ja* schlechthin: „Er ist das Ja zu allem, was Gott verheißen hat. Darum rufen wir durch ihn zu Gottes Lobpreis auch das Amen" (2 Kor 1,20). Was seit Urzeiten von Gott ver-

99 Augustinus, De Trinitate 4,1,3.

100 Meister Eckehart, Das System seiner religiösen Lehre und Lebensweisheit, hg. von O. Karrer, München 1926, 70 f.

sprochen wurde, kommt in ihm zur Erfüllung. Er spricht und lebt das Ja und Amen im Blick auf alles Gottgegebene. So ist er ein lebendiges Amen, mehr: Er ist *das* lebendige Amen. „Gottes Sohn, Jesus Christus … ist nicht als Ja und Nein zugleich gekommen; in ihm ist das Ja verwirklicht“ (2 Kor 1,19). Im Anschluss an Elisabeth von Dijon können wir im Blick auf das ewige göttliche Wort in unserer Mitte mit Dom Eugen Vandeur zusammenfassen: „Lebendiges und persönliches Dogma, Form der Wahrheit, ewige, in der Zeit gesprochene Bejahung, menschgewordene Weisheit Gottes, Amen Gottes, Gott ‚im Zustand des Amen‘, du bist die Stimme des Vaters und das göttliche Gedicht, das ihn preist.“[101]

Das liebevolle Ja des Vaters verbindet alle Kreaturen von Anfang an und für immer mit dem ewigen Sohn seiner Liebe. Insbesondere werden die Erlösten, die er im Voraus erkannt hat, im Voraus dazu bestimmt, an Wesen und Gestalt seines Sohnes teilzuhaben (Röm 8,29). „Er hat uns aus Liebe im Voraus dazu bestimmt, seine Söhne zu werden, durch Jesus Christus und zu ihm zu gelangen nach seinem gnädigen Willen“ (Eph 1,5). „Er ist der Erstgeborene unter vielen Brüdern“ (Röm 8,29). Durch die Adoption seitens des Vaters sollen sie als seine Brüder und Schwestern leben und wirken. Er ist der ewige Sohn, sie sind berufen, in der Zeit seine Geschwister zu werden und es in Ewigkeit zu bleiben.

Das Bruder- und Schwestersein wird ermöglicht durch den *Ruf* Gottes: „Die er vorausbestimmt hat, die hat er auch berufen, und die er berufen hat, die hat er auch gerecht gemacht“ (Röm 8,30). „Die geschichtliche Realisierung der Bestimmung des Menschen ist mit dem ‚Ruf‘ eingeleitet, der im Evangelium erging und weiterhin ergeht (1 Thess 2,12; 5,24; 2 Thess

101 E. Vandeur, O mein Gott, Dreifaltiger, Regensburg 1955, 133.

2,14).“[102] Das kann auf die verschiedenste Weise geschehen. Indem Heinrich Schlier auf vergangene Ereignisse verweist lässt er zugleich erkennen, was immer wieder geschehen wird: Gott rief, „in ‚die Gemeinschaft mit seinem Sohn, Jesus Christus, unserem Herrn‘ (1 Kor 1,19). Er rief damit ‚in die Gnade‘ (Gal 1,6). Es war dies der Ruf in den ‚Frieden‘ (1 Kor 7,15; Kol 3,15), in die ‚Heiligung‘ (1 Thess 4,7), in die ‚Freiheit‘ (Gal 5,13; 1 Kor 7,17 ff.). Er ruft uns in Gottes ‚Herrschaft und Glorie‘ (1 Thess 2,12; 2 Thess 2,14).“[103]

Wer ein Bruder Christi ist, ist damit auch ein Bruder aller Menschen, er ist wie Christus mit allen verbunden und allen verpflichtet[104]. Das hat das Konzil mehrfach betont. Besonders eindrucksvoll geschieht das in den letzten Worten der Pastoralkonstitution, die unmittelbar vor dem kurzen abschließenden Gebet stehen: „Der Vater will, dass wir in allen Menschen Christus als Bruder sehen und lieben in Wort und Tat und so der Wahrheit Zeugnis geben und anderen das Geheimnis der Liebe des himmlischen Vaters mitteilen. Auf diese Weise wird in den Menschen überall in der Welt eine lebendige Hoffnung erweckt, die eine Gabe des Heiligen Geistes ist, dass sie am Ende in Frieden und vollkommenem Glück aufgenommen werden in das Vaterland, das von der Herrlichkeit des Herrn erfüllt ist.“[105]

Zuvor schon hat man von der Menschheit als *Familie* gesprochen und die Begründung dieser alles andere als selbstverständlichen Aussage hinzugefügt: „Gott, der väterlich für alle sorgt, wollte, dass alle Menschen eine Familie bilden und

102 Schlier, wie Anm. 95, 273.

103 Ebd.

104 Weiteres in P.-W. Scheele, Mit allen verbunden, allen verpflichtet, Würzburg 2013.

105 GS n. 93,1.

einander in brüderlicher Gesinnung begegnen. Alle sind ja geschaffen nach dem Bild Gottes, der ‚aus einem alle Völker hervorgehen ließ, die das Antlitz der Erde bewohnen' (Apg 17,26), und alle sind zu einem und demselben Ziel, d. h. zu Gott selbst, berufen."[106] Die Konsequenz daraus ist in der heutigen Situation der Menschheit besonders aktuell. Die „Liebe zu Gott und zum Nächsten ist das erste und größte Gebot. Von der Heiligen Schrift werden wir belehrt, dass die Liebe zu Gott nicht von der Liebe zum Nächsten getrennt werden kann. ‚... und wenn es ein anderes Gebot gibt, so ist es in diesem Wort einbegriffen: Du sollst deinen Nächsten lieben wie dich selbst ... Demnach ist die Liebe die Fülle des Gesetzes' (Röm 13,9–10; 1 Joh 4,20). Das ist offenkundig von höchster Bedeutung für die immer mehr voneinander abhängig werdenden Menschen und für eine immer stärker eins werdende Welt."[107] Das ist eine Herausforderung, die jeden Menschen betrifft und alle seine Kräfte. Er muss es lernen, sich in die anderen hineinzuversetzen. Dieser ist nicht irgendein Fremder, er ist der Nächste, mehr noch: Jeder Mensch ist berufen, selber sein Nächster zu sein.

Das Konzil macht sich die Pointe zu Eigen, die am Ende des Beispiels vom barmherzigen Samariter steht (Lk 10,25–37). Ein Gesetzeslehrer hat Jesus gefragt, was er tun müsse, um das ewige Leben zu gewinnen. Nach dem Hinweis Jesu auf das Gebot der Gottes- und Nächstenliebe stellt er die Frage: „Und wer ist mein Nächster?" Die Geschichte von dem Mann, der unter die Räuber fällt und halbtot liegen bleibt, lässt erwarten, dass dieser der Nächste ist, dem Priester und Levit die Hilfe verweigern, während der Samariter sie leistet. Die Frage Jesu zielt jedoch in eine andere Richtung. Sie lautet: „Wer

106 GS n. 24,1.
107 GS n. 24,2.

von den dreien hat sich als Nächster dessen erwiesen, der von den Räubern überfallen wurde?“ Die fällige Antwort heißt: „Der, der barmherzig an ihm gehandelt hat.“ Mehr noch als der Hilfsbedürftige erweist sich der Helfende als Nächster; mehr noch als die Not den von ihr Betroffenen Nächster sein lässt, ist der Hilfsbereite durch Gottes Gnade Nächster im besten Sinn des Wortes. Er ist mit dem zutiefst verbunden, dem er Hilfe leisten kann. Entsprechend fordert das Konzil: Wir sind „dringend verpflichtet, uns zum Nächsten schlechthin eines jeden Menschen zu machen und ihm, wo immer er uns begegnet, tatkräftig zu helfen, ob es sich nun um alte, von allen verlassene Leute handelt oder um einen Fremdarbeiter, der ungerechter Geringschätzung begegnet, um einen Heimatvertriebenen oder um ein uneheliches Kind, das unverdienterweise für eine von ihm nicht begangene Sünde leidet, oder um einen Hungernden, der unser Gewissen aufrüttelt durch die Erinnerung an das Wort des Herrn: ‚Was ihr einem der Geringsten von diesen meinen Brüdern getan habt, das habt ihr mir getan‘ (Mt 25,40).“[108]

Selbst Gegner und Feinde zählen zu unseren Brüdern. Deshalb gilt: „Achtung und Liebe sind auch denen zu gewähren, die in gesellschaftlichen, politischen oder auch religiösen Fragen anders denken oder handeln als wir.“[109] Jesus Christus „dehnt das Gebot der Liebe als das Gebot des Neuen Bundes auf alle Feinde aus: ‚Ihr habt gehört, dass gesagt wurde: Du sollst deinen Nächsten lieben und deinen Feind hassen. Ich aber sage euch: Liebet eure Feinde, tut Gutes denen, die euch hassen, und betet für eure Verfolger und Verleumder‘ (Mt 5,43–44).“[110]

108 GS n. 27,2.
109 GS n. 28,1.
110 GS n. 28,3.

Mehr noch als der einzelne Christ ist die ganze Kirche zum solidarischen Einsatz für die ganze Menschheit verpflichtet. Sie geht „den Weg mit der ganzen Menschheit gemeinsam und erfährt das gleiche irdische Geschick mit der Welt und ist gewissermaßen der Sauerteig und die Seele der in Christus zu erneuernden und in die Familie Gottes umzugestaltenden menschlichen Gesellschaft."[111] Die von allen geforderte „Solidarität muss stetig wachsen bis zu jenem Tag, an dem sie vollendet sein wird und die aus Gnade geretteten Menschen als eine von Gott und Christus, ihrem Bruder, geliebte Familie Gott vollkommen verherrlichen werden."[112]

2.4. Gemeinschaftswesen

In seinem Bemühen, die Zeichen der Zeit zu verstehen und auf sie einzugehen, war das Konzil besonders sensibel für die weltweit sich vollziehende Bewegung hin zur Einheit aller Menschen. Wie sehr es deren Bedeutung einschätzte zeigt, dass es gleich zu Beginn der Kirchenkonstitution davon spricht, dass gegenwärtig alle Menschen „durch vielfältige soziale, technische und kulturelle Bande enger miteinander verbunden sind."[113] „Die Welt spürt lebhaft ihre Einheit und die wechselseitige Abhängigkeit aller von allen."[114] In wachsendem Maße geschieht, was Karl Jaspers bereits 1931 festgestellt hat: „Zum erstenmal ist der Planet der eine umfassende Wohnplatz des Menschen. Alles steht mit allem in Beziehung."[115] In diesem Kontext hat das Konzil der sozialen

111 GS n. 40,2.
112 GS n. 32,5.
113 LG n. 1.
114 GS n. 4,4.
115 K. Jaspers, Die geistige Situation der Zeit (1931), Berlin [6]1965,17.

Dimension des Menschen besondere Aufmerksamkeit gewidmet. Dabei ist es zu Antworten auf die Frage „Was ist der Mensch?“ gekommen, die zu den wichtigsten Aussagen des Konzils zählen. Sie betreffen jeden einzelnen Menschen sowie die verschiedenen Gemeinschaften und schließlich die gesamte Menschheit.

Alle Christgläubigen sollen „bedenken, dass der Mensch seiner Natur nach ein gesellschaftliches Wesen ist.“[116] Es geht dabei nicht nur um die eine oder andere soziale Aktion, sondern um die Verwirklichung des Menschseins nach dem Willen des Schöpfers. Das Konzil lehrt von ihm: „Gott hat den Menschen nicht allein geschaffen: denn von Anfang an hat er ihn ‚als Mann und Frau geschaffen‘ (Gen 1,27); ihre Verbindung schafft die erste Form personaler Gemeinschaft. Der Mensch ist nämlich aus seiner innersten Natur ein gesellschaftliches Wesen; ohne Beziehung zu den anderen kann er weder leben noch seine Anlagen zur Entfaltung bringen.“[117] Der Mensch ist von Gott als „Wesen der Gemeinschaft geschaffen.“[118] Die im Verhältnis von Mann und Frau grundgelegte Verbundenheit soll sich in den verschiedenen Gemeinschaften auswirken, die im Lauf der Zeit entstehen, bis es schließlich zu einer alle Menschen umfassenden Gemeinschaft kommt. Gott schafft den Menschen „nicht zu einem Leben in Vereinzelung, sondern zum Zusammenschluss in gesellschaftlicher Einheit.“[119] Diese Zielsetzung tritt weltweit mehr und mehr zutage. Ob und wie man ihr gerecht wird hängt weitgehend davon ab, wie die einzelnen Menschen ihrer sozialen Natur gemäß leben. Die menschliche Person und die

116 AA n. 18,1.
117 GS n. 12,4.
118 GS n. 21,3.
119 GS n. 31,1.

menschliche Gesellschaft sind in hohem Maße voneinander abhängig. Der „Fortschritt der menschlichen Person und das Wachsen der Gesellschaft als solche bedingen sich gegenseitig."[120] Auf allen Ebenen ist eine zunehmende Sozialisation geboten.

Anders als je zuvor wächst die Menschheit in eine immer tiefer und weiter reichende Einheit hinein. Dynamisch sich entwickelnde Kommunikationsmöglichkeiten bringen die Menschen weltweit einander näher. Nachrichten- und Verkehrsmittel, Weltwirtschaft und Weltpolitik und eine Reihe anderer Faktoren steigern die Verbundenheit in bislang unbekannter Weise. Kennzeichnend für dieses zunehmende Miteinander und zugleich dessen neue Multiplikatoren ist eine Vielzahl von Organisationen auf verschiedenen Ebenen. In der Welt von heute und morgen wird das Leben immer mehr organisiert. Vom Sport angefangen über die Bereiche von Wirtschaft und Politik hinaus bis hin zu Wissenschaft und Religion gibt es ein immer engmaschiger werdendes Netz von Vereinigungen, die Menschen aller Länder einander näher bringen. Man braucht keine prophetische Gabe, um mit Pater Teilhard de Chardin behaupten zu können: „In einer unvorhersehbaren Gestalt wird morgen die Erde ‚pan-organisiert' erwachen."[121] Erstmals ist die Einheit aller Menschen nicht mehr nur eine Glaubensüberzeugung oder eine wissenschaftliche These; sie ist täglich erfahrbare Realität geworden. In der Tat: „An dem Evolutionspunkt, zu dem wir gelangt sind, würde man eher die Erde daran hindern, sich zu drehen, als die Menschheit, sich zu totalisieren."[122] So faszinierend die-

120 GS n. 25,1.
121 P. Teilhard de Chardin. Die Zukunft des Menschen, Olten u. Freiburg 1963, 232.
122 A. a. O., 300.

ses Geschehen ist, es hat auch seine Schattenseiten. Albert Einstein nannte als Hauptgefahren der heutigen Menschheit: die „Hungersnot, den atomaren Selbstmord und die Massennivellierung. Letztere hielt er für die zunächst bedrohlichste."[123]

Auch das Konzil hat auf die Gefährdung hingewiesen, die mit der globalen Sozialisation verbunden sind. Es sieht sie vor allem im sündhaften Versagen der Menschen begründet. Es weist darauf hin, dass die Menschen „aus den gesellschaftlichen Verhältnissen heraus, in denen sie leben und in die sie von Kindheit an eingefangen sind, oft vom Tun des Guten abgelenkt und zum Bösen angetrieben werden. Ganz sicher stammen die so häufig in der gesellschaftlichen Ordnung vorkommenden Störungen zum Teil aus der Spannung in den wirtschaftlichen, politischen und gesellschaftlichen Gebilden selbst. Doch ihre tieferen Wurzeln sind Stolz und Egoismus der Menschen, die auch das gesellschaftliche Milieu verderben."[124] Trotz aller Probleme beurteilt das Konzil den Prozess der wachsenden Vereinigung positiv. Es erklärt: Die Kirche erkennt an, „was an Gutem in der heutigen gesellschaftlichen Dynamik vorhanden ist, besonders die Entwicklung hin zur Einheit, den Prozess einer gesunden Sozialisation und Vergesellschaftung im bürgerlichen und gesellschaftlichen Bereich."[125] Die Einzigartigkeit und Würde jedes Individuums können bewusst machen, dass es in der Heilsgeschichte immer ums Ganze geht, um das Ganze jedes einzelnen Menschen und um das Ganze der Menschheit. Die Einheit der Kirche und die Einheit der Menschheit sind aufeinander bezogen und aufeinander angewiesen. Sie können und sollen sich wechsel-

123 J.-M. Domenach in: Bilanz der Theologie im 20. Jahrhundert, Bd. I, hg. von H. Vorgrimler u. R. Vander Gucht, Freiburg 1969, 58.

124 GS n. 25,3.

125 GS n. 42,3.

seitig helfen. „Die Einheit der menschlichen Familie wird durch die Einheit der Familie der Kinder Gottes, die in Christus begründet ist, in vieler Hinsicht gestärkt und erfüllt."[126] Zugleich ist die Kirche gehalten, für das zu danken, was die menschliche Gemeinschaft ihr an Hilfe vermittelt. „Die Erfahrung der geschichtlichen Vergangenheit, der Fortschritt der Wissenschaften, die Reichtümer, die in den verschiedenen Formen der menschlichen Kultur liegen, durch die die Menschennatur immer klarer zur Erscheinung kommt und neue Wege zur Wahrheit aufgetan werden, gereichen auch der Kirche zum Vorteil."[127] Wer „die menschliche Gemeinschaft auf der Ebene der Familie, der Kultur, des wirtschaftlichen und sozialen Lebens, der nationalen und internationalen Politik voranbringt, leistet nach dem Plan Gottes auch der kirchlichen Gemeinschaft, soweit diese von äußeren Bedingungen abhängt, eine nicht unbedeutende Hilfe. Ja selbst die Feindschaft ihrer Gegner und Verfolger, so gesteht die Kirche, war für sie sehr nützlich und wird es bleiben."[128]

Kirche und Menschheit sind berufen, miteinander zur Vollendung zu gelangen. „So wird endlich der Ratschluss des Schöpfers, der den Menschen nach seinem Bild und Gleichnis geschaffen, wahrhaft erfüllt, wenn alle, die an der menschlichen Natur teilhaben, in Christus durch den Heiligen Geist wiedergeboren, in einmütigem Schauen der Herrlichkeit Gottes sagen können: ‚Vater unser'."[129]

126 GS n 42,1.
127 GS n. 44,2.
128 GS n. 44,3.
129 AG n. 7,2.

2.5 Geschichtliches Subjekt

Beim Versuch, „nach den Zeichen der Zeit zu erforschen und sie im Licht des Evangeliums zu deuten“[130], ist das Konzil mehrfach auf das Phänomen der *Geschichtlichkeit* gestoßen. Dabei hat es sich gezeigt, dass ein aktuelles Zeichen der Zeit die Zeit selber ist. Im Achten auf das in heutiger Zeit gegebene Zeichen hat sich ergeben, dass die Zeit selber Zeichencharakter hat. Sie wirft Licht auf vieles, nicht zuletzt auf den Menschen. Pierre Teilhard de Chardin formuliert diesbezüglich eine kühne These: „Um die geistigen Ereignisse zu begreifen, die unser Zeitalter erschüttern, muss man [ich werde das immer wieder sagen] bis auf ihre gemeinsame Wurzel zurückgehen: die Entdeckung der Zeit.“[131] Das sich allenthalben abzeichnende Geschehen ist das Faktum, dass schlechterdings *alles im Werden* gesehen wird. Näherhin lassen sich folgende Stadien unterscheiden: „In einer ersten [Galileischen Phase] mochte es scheinen, nur die Sterne seien betroffen. Doch bald [Darwinsche Phase] erstreckte sich die kosmische Bewegung, indem sie aus den sideralen Räumen herabstieg, auch auf das irdische Leben. Mit dem unvermeidlichen Ergebnis, dass schließlich der Mensch selbst [moderne Phase] von dem Strudel erreicht und mitgerissen wurde, den seine Wissenschaft entdeckt und sozusagen entfesselt hatte.“[132] Das ist nicht ohne gravierende Folgen geblieben: „man kann ohne Übertreibung sagen, dass alle intellektuellen Krisen, die unsere Zivilisation seit vier Jahrhunderten durchgemacht hat, enger oder entfernter mit den aufeinanderfolgenden Schritten zusammenhängen, in denen sich in unserem Geist und in unserem Herzen

130 GS n. 4,1.

131 de Chardin, wie Anm. 121, 114.

132 A. a. O., 345.

die Transformation einer statischen Weltanschauung zu einer Bewegungs-Weltanschauung vollzog [und weiterhin vollzieht]."[133] Das gilt analog auch für das christliche Leben. Die Wandlung des statischen ordo zu einem dynamischen Prozess ist ein Ereignis, das „tiefgreifende Neu-Anordnungen in dem ganzen Gebäude nicht nur unseres Denkens, sondern auch unseres Glaubens nach sich zieht."[134] Die neue Sicht der Geschichte wirkt sich auch auf das Verständnis der Heilsgeschichte aus.

Treffend schreibt Gerhard Ebeling: „Die Geschichte ist eine immer umfassendere, nichts unberührt lassende, global umspannende Bewegung geworden, die vor allem ein immer rasanteres Tempo, eine sich ständig überbietende Beschleunigung der Veränderungen angenommen hat. Wir haben keine Vorstellung davon, wohin sie treibt. Nur das ist klar: Es gibt hier kein Zurück."[135] Als das einzig Unveränderliche erscheint die Veränderung. Das führt dazu, „die Dinge unter dem Gesichtspunkt der Wandelbarkeit und Entwicklung zu sehen."[136] Von der Brisanz dieses Geschehens sagt das Konzil: „Der Gang der Geschichte selbst erfährt eine so rasche Beschleunigung, dass der Einzelne ihm schon kaum mehr zu folgen vermag."[137] In der Sicht der Konzilsväter hat das auch negative Folgen: „Ein so rascher Wandel der Zustände, der oft ordnungslos vor sich geht, und dazu ein schärferes Bewusstsein für die Spannungen in der Welt erzeugen oder vermehren Widersprüche und Störungen des Gleichgewichts."[138] Das Konzil scheut sich nicht, von einer „Wachstumskrise" zu spre-

133 Ebd.

134 A.a.O., 346.

135 G. Ebeling in: Heute glauben, hg. von G. Otto, Hamburg 1965, 27.

136 GS n. 54.

137 GS n. 35,3.

138 GS n. 8,1.

chen[139]. Gleichwohl weiß es sich zum Dank für all das verpflichtet, was die „neue Epoche ..., in der tiefgehende und rasche Veränderungen Schritt um Schritt auf die ganze Welt übergreifen“[140], zugunsten der Kirche mit sich gebracht hat. Die Kirche ist sich „darüber im klaren, wieviel sie selbst der Geschichte und Entwicklung der Menschheit verdankt.“[141] Sie kann wiederum der Menschheit eine hilfreiche *Zielvorstellung* vermitteln. Während die einen die Erde an den Folgen von menschlichem Versagen an Vergiftung oder Erschöpfung aller Ressourcen oder aber durch atomare Verheerungen verenden sehen, denken andere an ein Aus durch kosmische Katastrophen. Demgegenüber verkündet das Konzil, „dass in ihrem Herrn und Meister der Schlüssel, der Mittelpunkt und das Ziel der ganzen Menschheitsgeschichte gegeben ist. Die Kirche bekennt überdies, dass allen Wandlungen vieles Unwandelbare zugrunde liegt, was seinen letzten Grund in Christus hat, der derselbe ist gestern, heute und in Ewigkeit.“[142] Zuversichtlich hält das Konzil allen Untergangszenarien entgegen: „Der Herr ist das Ziel der menschlichen Geschichte, der Punkt, auf den hin alle Bestrebungen der Geschichte und der Kultur konvergieren, der Mittelpunkt der Menschheit, die Freude aller Herzen und die Erfüllung ihrer Sehnsüchte ... Von seinem Geist belebt und geeint, schreiten wir der Vollendung der menschlichen Geschichte entgegen, die mit dem Plan seiner Liebe zusammen fällt: ‚alles in Christus dem Haupt zusammenzufassen, was im Himmel und was auf Erden ist‘ (Eph 1,10). Der Herr selbst spricht: ‚Sieh, ich komme bald, und mein Lohn ist mit mir, einem jeden zu vergel-

139 GS n. 4,3.
140 GS n. 4,2.
141 GS n. 44,1.
142 GS n. 10,2.

ten nach seinen Werken. Ich bin das Alpha und das Omega, der Erste und der Letzte, Anfang und Ende' (Offb 22,12–13).«[143]

Angesichts der heutigen Weltentwicklung wächst „die Zahl derer, die die Grundfragen stellen oder mit neuer Schärfe spüren: Was ist der Mensch? Was ist der Sinn des Schmerzes, des Bösen, des Todes …? Was kann der Mensch der Gesellschaft geben, was von ihr erwarten? Was kommt nach diesem irdischen Leben?«[144] Auf die fundamentale Frage nach dem Menschen heißt die Antwort im Horizont der Geschichtlichkeit: Er ist ein *Werdewesen* in einer werdenden Welt. Seine ganze Existenz wird durch das Werden bestimmt. Wer ihn verstehen will muss versuchen, sich die ganze Spanne dieses Prozesses zu vergegenwärtigen. Eine Momentaufnahme erfasst das menschliche Leben nicht. „Um eine lebendige Wirklichkeit, zum Beispiel eine Pflanze, wirklichkeitsgetreu zu erfassen, darf man nicht bei dem stehenbleiben, was an der Pflanze zu sehen ist, sondern muss, selber ein Lebender, sich in die reifende Pflanze hineindenken … Um die lebende Pflanze getreu zu denken, muss man mit ihr die Frucht erhoffen, die im Kommen und ihr Seinsgrund ist. Wer nur auf die Blüte in ihrer Schönheit starrt, nur auf das Augenfällige, der ist verkehrt, rückwendig eingestellt.«[145] Zugleich darf man auch das Sterben der Pflanze nicht übersehen noch übergehen. Die menschliche Lebenslinie wird immer wieder von der Todeslinie durchkreuzt – oder sollte man besser sagen: die Lebenslinie ist begrenzt durch den Schlusspunkt des Todes? Gewiss käme durch diese Formulierung die Unerbittlichkeit und Endgültigkeit des Sterbens schärfer zum Ausdruck, nicht aber

143 GS n. 45,3.

144 GS n. 10,1.

145 C. Tresmontant, Biblisches Denken und hellenische Überlieferung, Düsseldorf 1956, 147.

dessen stete Präsenz. Die Lebenslinie stößt nicht irgendwann einmal an das Reich des Todes, sie führt mitten hindurch, sie wird daher in jedem Punkt mit diesem konfrontiert.

Mit dem Empfangen- und Geborenwerden beginnt eine sterbliche Existenz. Von Anfang an hat der Mensch „den Tod in den Knochen". Sein Leben ist jederzeit gefährdet, „Media vita", „Mitten wir im Leben sind mit dem Tod umfangen."[146] Schließlich gehört selbst zum ungebrochenen Lebensvollzug das Element des Sterbens, steht er doch unter dem strengen Gesetz des „Stirb und werde."[147] „Alles ruht auf dem Kreuz, und alles liegt am Sterben," heißt es in der Nachfolge Christi[148].

So klar sich die erfahrbaren Grenzen unseres Lebens abzeichnen, sie werden durch unsere *Geschichtlichkeit* überschritten. Diese verweist uns auf unsere Herkunft und auf unsere Zukunft. Das tritt heutzutage mehr in den Blick als früher, weil der Geist des Menschen in unserer Welt gewissermaßen seine Herrschaft über die Zeit ausweitet: „über die Vergangenheit mit Hilfe der Geschichtswissenschaft; über die Zukunft durch methodisch entwickelte Voraussicht und Planung."[149] Wer den Menschen realistisch sehen will, muss weit in die Vergangenheit zurückschauen und ebenso den Blick in die Zukunft richten. Das Leben des Menschen ist Teil einer langen Geschichte. Sie beginnt mit den ersten lebendigen Zellen und geht weiter über das Werden von Pflanzen und Tieren. In dieser langen Kette erscheint der Mensch wie ein winziges Glied. In Wahrheit ist er in ihr ein besonderes *Subjekt.*

146 Nach „Media vita in morte sumus" von Martin Luther.

147 J.W. von Goethe, Westöstlicher Divan, Weimar 1819,28: „und so lang du dies nicht hast,/ dieses Stirb und Werde,/ bist du uns ein trüber Gast/ auf der dunklen Erde."

148 Thomas von Kempen, Nachfolge Christi, II, 12.3.

149 GS n. 5,2.

Er kann erkennen und entscheiden. „Nur ein Schilfrohr, das zerbrechlichste in der Welt, ist der Mensch, aber ein Schilfrohr, das denkt ..., wenn das All ihn vernichten würde, so wäre der Mensch doch edler als das, was ihn zerstört, denn er weiß, dass er stirbt, und erkennt die Übermacht des Weltalls über ihn; das Weltall aber weiß nichts davon.“[150] Über die Gegenwart hinaus streckt sich das Erkennen und Wollen auf die Zukunft aus. Oft genug ist diese wirkmächtiger als das im Augenblick Vorhandene. „So wie die Frage nach den Gründen nicht ruht, bis sie zum letzten Grund vorstößt, so auch die Frage nach dem Ziel und Sinn. Das Wohin ist so radikal wie das Woher.“[151] Das führt dazu, dass nach der absoluten Zukunft gefragt wird. Der menschliche Geist gibt sich nicht damit zufrieden, dass es über kurz oder lang mit ihm und der Menschheit aus sein soll. Er bohrt weiter und will wissen, was ihn und die ganze Welt hinter der Todesgrenze erwartet. „Der Mensch übersteigt unendlich den Menschen.“[152]

Die Liebe Gottes wiederum übersteigt die Geschichte der Menschheit. Er überwindet ihre Sünde und schenkt ihr das Heil. Das ist von Anfang an der Fall. Als die Menschen „in Adam gefallen waren verließ er sie nicht, sondern gewährte ihnen jederzeit Hilfe zum Heil, um Christi des Erlösers, willen.“[153] Der menschgewordene Sohn Gottes hat durch seinen Gehorsam den Ungehorsam Adams besiegt und wiedergutgemacht „wie der Apostel bezeugt: ‚Durch den Ungehorsam des Menschen sind die vielen zu Sündern gemacht worden; so werden auch durch den Gehorsam des Einen die vielen zu

150 Bl. Pascal, Über die Religion und über einige andere Gegenstände (Pensées), hg. von E. Wasmuth, Tübingen [4]1948, frg. 347, S. 169.

151 E. Brunner, Das Ewige als Zukunft und Gegenwart, München u. Hamburg 1965, 13.

152 Pascal, wie Anm. 149, frg. 434, S. 205.

153 LG n. 2.

Gerechten gemacht werden‘ (Röm 5,19).“[154] Die gesamte Menschheitsgeschichte begleitet Gott mit seiner Liebe. „Zu aller Zeit und in jedem Volk ruht Gottes Wohlgefallen auf jedem, der ihn fürchtet und gerecht handelt (vgl. Apg 10,35).“[155]

In besonderer Weise ist er mit dem Volk verbunden, das er zu einer Sonderexistenz berufen hat. „Der liebende Gott, der um das Heil des ganzen Menschengeschlechtes besorgt war, bereitete es vor, indem er sich nach seinem besonderen Plan ein Volk erwählte, um ihm Verheißungen anzuvertrauen. Er schloss mit Abraham (vgl. Gen 15,8) und durch Mose mit dem Volke Israel (vgl. Ex 24,8) einen Bund. Dann hat er sich dem Volk, das er sich erworben hatte, durch Wort und Tat als einzigen, wahren und lebendigen Gott so geoffenbart, dass Israel Gottes Wege mit den Menschen an sich erfuhr, dass es sie durch Gottes Wort aus der Propheten Mund allmählich voller und klarer erkannte und sie unter den Völkern mehr und mehr sichtbar machte (vgl. Ps 21,28–29; 95,1–3; Jes 2,1–4; Jer 3,17).“[156] Gott hat sich „das Volk Israel zum Eigenvolk erwählt und hat mit ihm einen Bund geschlossen und es Stufe für Stufe unterwiesen. Dies tat er, indem er sich und seinen Heilsratschluss in dessen Geschichte offenbarte und sich dieses Volk heiligte.“[157] Das ist keineswegs eine Phase, die man hinter sich lassen kann. Sie ist von bleibender Bedeutung für die Kirche Christi. Sie erkennt an, „dass nach dem Heilsgeheimnis Gottes die Anfänge ihres Glaubens und ihrer Erwählung sich schon bei den Patriarchen, bei Mose und den Propheten finden. Sie bekennt, dass alle Christgläubigen als Söhne Abra-

154 II. Vatikanisches Konzil, Dekret über Dienst und Leben der Priester „Presbyterorum ordinis“ n. 15,3; zit.: Po.

155 LG n. 9,1.

156 DV n. 14,1.

157 LG n. 9,1.

hams dem Glauben nach in der Berufung dieses Patriarchen eingeschlossen sind und dass in dem Auszug des erwählten Volkes aus dem Lande der Knechtschaft das Heil der Kirche geheimnisvoll vorgebildet ist. Deshalb kann die Kirche auch nicht vergessen, dass sie durch jenes Volk, mit dem Gott aus unsagbarem Erbarmen den Alten Bund geschlossen hat, die Offenbarung des Alten Testamentes empfing und genährt wird von der Wurzel des guten Ölbaums, in den die Heiden als wilde Schößlinge eingepfropft sind."[158] Das will nicht nur erkannt und bedacht werden, es soll auch das Leben der Christen bestimmen. Das Konzil schärft das insbesondere den Priestern ein. Angesichts der Tatsache, dass „die dem Glauben neu erstandenen Hindernisse, die scheinbare Vergeblichkeit ihres seelsorglichen Wirkens und die oft schmerzliche erfahrene Einsamkeit" zur Mutlosigkeit verleiten[159], werden sie daran erinnert, dass sie berufen sind „an der Ausführung des Heilsplanes Gottes, des Mysteriums Christi, des vor den Weltzeiten in Gott verborgenen Geheimnisses" mitzuhelfen. „Darum müssen die Führer des Gottesvolkes im Glauben wandern, auf den Spuren des gläubigen Abraham, der im Glauben ‚gehorchte, fortzuziehen an einen Ort, den er als Erbschaft in Besitz nehmen sollte; und er zog fort, ohne zu wissen, wohin er gelangen werde' (Hebr 11,8)."[160]

Im Anschluss daran erinnert das Konzil an ein Gleichnis des Herrn, dass mit der Geschichtlichkeit des Gottesreiches auch die Zuversicht bewusst macht, die den Glaubenden geschenkt wird: „Wahrlich, der Ausspender des Geheimnisses Gottes gleicht einem Sämann, der ausging, zu säen, und von dem der Herr sagt: ‚Er geht zur Ruhe und steht auf, Nacht

158 NÄ n. 4,2.
159 PO n. 22,1.
160 PO n. 22,3.

und Tag, und die Saat sprosst und wächst, ohne dass er es merkt' (Mk 4,27)."[161] Seinen Gegnern wie seinen Zweiflern hält Jesus durch das Gleichnis entgegen: „Seht den Landsmann an ..., der geduldig auf die Stunde der Ernte wartet! Auch Gottes Stunde kommt unaufhaltsam. Er hat den entscheidenden Anfang gemacht, die Saat ist ausgesät. Bei ihm bleibt nichts liegen (vgl. Phil 1,6). Sein Anfang bürgt für seine Vollendung ... In Gottes Anfang liegt das Ende schon eingeschlossen. Alle Zweifel an seiner Sendung, aller Spott, aller Kleinglaube, alle Ungeduld können Jesus nicht beirren in der Gewissheit: aus einem Nichts, ungeachtet allen Misserfolgs, unaufhaltsam führt Gott doch seine Anfänge zur Vollendung. Es gilt nur Ernst zu machen mit Gott, wirklich, mit ihm zu rechnen, allem Augenschein zum Trotz."[162]

2.6. Zur Freiheit Befreiter

Nie zuvor hat ein Konzil so viel und so qualifiziert von der Freiheit gesprochen wie das Vatikanum II. In den meisten Dokumenten kommt sie zur Sprache. Auf diese Weise wird immer wieder Wesentliches über die Würde und das Wesen des Menschen gesagt.

Äußerer Anlass dieser Praxis ist die *aktuelle Situation der Menschheit.* Sie wird weithin vom Verlangen nach Freiheit bestimmt. Die Pastoralkonstitution, die am häufigsten von allen Verlautbarungen des Konzils von der Freiheit handelt, stellt heraus: „Niemals hatten die Menschen einen so wachen Sinn für die Freiheit wie heute,"[163] „die Einzelpersonen und die Gruppen begehren ein erfülltes und freies Leben, das des

161 Ebd.
162 J. Jeremias, Die Gleichnisse Jesu, München u. Hamburg 1965, 103f.
163 GS n. 4,4.

Menschen würdig ist."[164] Die hier angedeutete Verbundenheit von Menschenwürde und Freiheit expliziert die Erklärung über die Religionsfreiheit in ihrem ersten Satz: „Die Würde der menschlichen Person kommt den Menschen unserer Zeit immer mehr zum Bewusstsein, und es wächst die Zahl derer, die den Anspruch erheben, dass die Menschen bei ihrem Tun ihr eigenes Urteil und eine verantwortliche Freiheit besitzen und davon Gebrauch machen sollen, nicht unter Zwang, sondern vom Bewusstsein der Pflicht geleitet."[165]

Um so wichtiger ist es, auf die *Gefährdungen* der Freiheit zu achten, die immer auch Gefährdungen des Menschen sind. In hohem Maße gehen sie von den sozialen Verhältnissen aus: „Die menschliche Freiheit ist oft eingeschränkt, wenn der Mensch in äußerster Armut lebt, wie sie umgekehrt verkommt, wenn der Mensch es sich im Leben zu bequem macht und sich in seiner ‚einsamen Selbstherrlichkeit' verschanzt."[166] Druck von außen und im Innern begründetes Fehlverhalten können sich gefährlich auswirken. „In unserer Zeit stehen die Menschen unter vielfachem äußerem Druck und geraten dabei in Gefahr, die eigene Wahlfreiheit zu verlieren. Auf der anderen Seite zeigen manche die Neigung, unter dem Vorwand der Freiheit jederlei Unterordnung abzulehnen und den schuldigen Gehorsam geringzuschätzen."[167] Die Freude über alles, was zugunsten der Freiheit geschieht, darf nicht darüber hinwegtäuschen, dass „neue Formen von gesellschaftlicher und psychischer Knechtung" entstehen[168]. So „ist der Weg offen

164 GS n. 9,3.
165 DH n. 1,1.
166 GS n. 31,2.
167 DH n. 8,1.
168 GS n. 4,4.

zu Freiheit oder Knechtschaft, Fortschritt oder Rückschritt, Brüderlichkeit oder Hass."[169]

In dieser Situation vermittelt das Konzil eine *Entscheidungshilfe*, die sich zugleich als Lebenshilfe erweist. Ihr Urgrund und Ursprung ist der Wille des dreieinen Gottes, anderen Wesen Anteil an seiner Herrlichkeit zu schenken. Sein Leben wie seine Entscheidungen geschehen in Freiheit. Das göttliche Sichselbstmitteilen ist nicht ein naturhafter Vorgang, der notwendigerweise oder zufälligerweise abläuft. Es ist ein wahrhaft freigebiges, ein ganz und gar freies Tun. Dieses lebt aus der unbegrenzten Freiheit jeder einzelnen Person. Der Vater spricht sein ewiges Wort, weil er es so will. „Und er will es aus Liebe, aus jener unendlichen Liebe zu seinem Sohne, in der er ihm alles göttliche Sein und Leben, alle göttliche Herrlichkeit und Seligkeit zuwill. Und der Sohn, der um seinen Hervorgang aus dem Vater weiß, bejaht diesen Hervorgang. Er will gesprochen werden, und er wird gesprochen, weil er es will. Und auch er will es aus Liebe, aus jener gleichen unendlichen Liebe zu seinem Vater, in der er dem Vater alle Herrlichkeit und Seligkeit zuwill, die er ihm bereitet, die er ihm bedeutet."[170] Diese wechselseitige Selbstmitteilung geschieht im Heiligen Geist. Er ist „der Hauch jener Liebe, in der Vater und Sohn einander zugewandt sind, der Gluthauch jener Liebe, in der Vater und Sohn ewig selig sich umfangen halten … Und er, der um seinen Hervorgang aus ihnen beiden weiß, bejaht auch seinerseits diesen Hervorgang. Er will der Hauch ihrer Liebe sein, und auch er will es aus Liebe: aus jener ebenso grenzenlosen, rückhaltlosen Liebe zu ihnen, in der er ihrer Liebe jene Vollendung gönnt, die er selber ist. So

169 GS n. 9,4.

170 H. Kuhaupt, Abba Vater. Christliche Lehre vom Gebet, Freiburg 1948, 88 f.

ist diese Freiheit Ausdruck und Zeugnis der ganzen Uneigennützigkeit und also der ganzen Reinheit und Lauterkeit, der ganzen Heiligkeit göttlicher Liebe."[171] Dieses Geschehen ereignet sich nicht auf irgendeinem irgendwann erreichten Gipfel des göttlichen Lebens oder zu irgendeinem Zeitpunkt im Weltprozess; es bildet nicht einen Beginn dieser Welt, der später verlassen wird; es steht nicht am Ende, so dass Gott erst dann in Liebe alles an sich zieht. Wir haben es mit einem ewigen Geschehen zu tun, mit einem ewigen Schenken.

Frei entscheidet sich der dreieine Gott, Kreaturen ins Leben zu rufen deren er *Anteil an seiner Freiheit* schenken will. Daher ist die wahre Freiheit „ein erhabenes Kennzeichen des Bildes Gottes im Menschen: Gott wollte nämlich den Menschen ‚in der Hand seines Entschlusses lassen', so dass er seinen Schöpfer aus eigenem Entscheid suche und frei zur vollen und seligen Vollendung in Einheit mit Gott gelange."[172] Dem Atheismus gegenüber bekennt das Konzil: Der „Mensch ist vom Schöpfergott mit Vernunft und Freiheit als Wesen der Gemeinschaft geschaffen; vor allem aber ist er als dessen Kind zur eigentlichen Gemeinschaft mit Gott und zur Teilnahme an dessen Seligkeit berufen."[173]

In Freiheit darf und soll der Mensch leben und wirken. „Gott ruft die Menschen zu seinem Dienst im Geiste und in der Wahrheit, und sie werden deshalb durch diesen Ruf im Gewissen verpflichtet, aber nicht gezwungen. Denn er nimmt Rücksicht auf die Würde der von ihm geschaffenen menschlichen Person, die nach eigener Entscheidung in Freiheit leben soll."[174] Auch wenn der Mensch dem Geschenk der Freiheit

171 A.a.O., 89 f.
172 GS n. 17.
173 GS n. 21,3.
174 DH n. 11,1.

zuwider handelt nimmt Gott es nicht zurück. Er setzt sich weiterhin mit ganzer Kraft für ihn ein. Vom Anfang der Geschichte an hat der Mensch unter dem Einfluss des Bösen „durch Auflehnung gegen Gott und den Willen, sein Ziel außerhalb Gottes zu erreichen, seine Freiheit missbraucht."[175] Er hat sich damit in eine Lage gebracht, aus der er sich mit eigener Kraft nicht befreien kann. Er ist und bleibt auf „Gottes Gnadenhilfe" angewiesen[176].

Diese gipfelt in der Menschwerdung des Gottessohns, in seinem Leben und Wirken, Leiden und Sterben. In Christus wurde Gott in der Form der Freiheit Fleisch. „Nicht als König oder Held oder Meister der Schönheit kam Gott zu uns, nicht als Gesetz oder Weisheit oder als kirchliche Lehre, sondern als der ganz und bis zuletzt freie Mensch."[177] Christus „ist gekommen, um den Menschen zu befreien und zu stärken, indem er ihn innerlich erneuerte und ‚den Fürsten dieser Welt' (Joh 12,31) hinauswarf, der ihn in der Knechtschaft der Sünde festhielt."[178] Der gelegentlich geäußerte Vorwurf, das Konzil habe die Sünde und ihre Macht nicht ernst genug genommen, wird durch solche Aussagen ad absurdum geführt. Unmissverständlich lehrt es: „Niemand wird durch sich selbst und aus eigener Kraft von der Sünde erlöst und über sich hinausgehoben, niemand vollends von seiner Schwachheit, Einsamkeit oder Knechtschaft freigemacht, vielmehr brauchen alle Christus als Beispiel, Lehrer, Befreier, Heilsbringer, Lebensspender. In der Tat war das Evangelium in der Geschichte, auch der profanen, den Menschen ein Ferment

175 GS n. 13,1.

176 GS n. 37,2.

177 J. Chr. Hampe in: Die Autorität der Freiheit. Gegenwart des Konzils und Zukunft der Kirche im ökumenischen Disput, Bd. I, hg. von J. Chr. Hampe, München 1967, 20.

178 GS n. 13,2.

der Freiheit und des Fortschritts und bietet sich immerfort als Ferment der Brüderlichkeit, der Einheit und des Friedens dar."[179] Dankbar bekennen die Konzilsväter: „Durch kein menschliches Gesetz können die persönliche Würde und die Freiheit des Menschen so wirksam geschützt werden wie durch das Evangelium Christi … Diese Frohbotschaft nämlich verkündet und proklamiert die Freiheit der Kinder Gottes; sie verwirft jede Art von Knechtschaft, die letztlich aus der Sünde stammt; sie respektiert sorgfältig die Würde des Gewissens und der freien Entscheidung."[180]

Was Christus verkündet, das lebt er. Er ist das fleischgewordene Evangelium der Freiheit. Frei steht Jesus allen und allem gegenüber; er achtet die Freiheit jedes Einzelnen; er ruft zum Freiwerden auf und verhilft dazu. „Christus, unser Meister und Herr und zugleich sanft und demütig von Herzen, hat seine Jünger in Geduld zu gewinnen gesucht und eingeladen. Gewiss hat er seine Predigt mit Wundern unterstützt und bekräftigt, um den Glauben der Hörer anzuregen und zu bestätigen, nicht aber um einen Zwang auf sie auszuüben."[181] Vielen geht es wie Nikolai Berdjajew, der von sich bekannte: „Die Freiheit führte mich zu Christus, und außer der Freiheit kenne ich keine anderen Wege, die zu Christus führen."[182] Dass auch Außenstehende diesen Zugang zum Herrn wahrnehmen können, stellt der Marxist Roger Garaudy unter Beweis, wenn er von Jesus sagt: „Dieses Leben, dieser Tod, ist uns Menschen … das höchste Modell der Freiheit und der Liebe, der Offenheit für eine unendliche Bestimmung."[183]

179 AG n. 8.
180 GS n. 41,2.
181 DH n. 11,1.
182 B. Schultze, Russische Denker, Wien 1950, 382.
183 Dokumente der Paulusgesellschaft (XIX), Schöpfertum und Freiheit, München 1968, 384.

Am Kreuz hat Christus seinen Freiheitsdienst vollendet. Christus hat „durch seinen Gehorsam bis zum Tode den seligen Weg der Freiheit der Kinder Gottes für alle Menschen eröffnet."[184] Er nimmt den Tod auf sich „um die versprengten Kinder Gottes wieder zu sammeln" (Joh 11,52). Die Seinen sollen eine Gemeinschaft der Freien sein und immer mehr werden. *Freiheit und Einheit* sind von Anfang an, sind je neu, sind für immer miteinander verbunden. Die Weltkirchenkonferenz von Nairobi hat das in dem Bericht der Sektion II treffend zum Ausdruck gebracht; dort heißt es vom Herrn, dass er „uns zur Einheit in ihm befreit und uns in seiner Freiheit eint", und weiter: „Er selber geht uns voran in der Freihit, zu der er uns befreit, wie in der Einheit, die uns verbindet, in ihm finden wir die Freiheit, die uns nicht voneinander trennt, und eine Einheit, die wünschenswerter Vielfalt keine Uniformität aufzwingt."[185] Mit einem Berater dieser Vollversammlung, Jürgen Moltmann, können wir festhalten: Der christliche Glaube „glaubt nicht nur an Freiheit, sondern er ist Freiheit. Er hofft nicht nur auf Freiheit, sondern er ist Freiheit. Er liebt nicht nur die Freiheit, sondern ist Freiheit in der Liebe."[186]

Die *Kirche*, für die Christus sein Leben hingegeben hat, ist wesenhaft Gemeinschaft der vom Vater durch den Heiligen Geist in Christus Befreiten. Sie hat mehr zu tun als von anderen Freiheiten für sich einzufordern und – wenn es gar nicht anders geht – in ihrem Binnenraum gewisse Freiheiten zu gewähren. Sie soll ein Bereich, ein Reich der Freiheit sein, ein „Modell" für die Möglichkeit und Wirklichkeit des Freiwer-

184 LG n. 37,2.

185 Bericht aus Nairobi 1975, hg. von H. Krüger u. W. Müller-Römheld, Frankfurt 1976, 25.

186 J. Moltmann, Perspektiven der Theologie, München u. Mainz 1968, 189.

dens in dieser Welt. Angesichts des weltweiten Ringens zwischen Individualismus und Kollektivismus, zwischen Liberalismus und Autoritarismus kommt dieser Gabe und Aufgabe eine wahrhaft säkulare Bedeutung zu. Wird Einheit in Freiheit, wird Freiheit in Einheit gelebt, dann sind die Grundanliegen der einander entgegenstehenden Seiten bejaht und aufgenommen und aus der Einseitigkeit, aus der Isolierung und aus dem geradezu tödlichen Gegeneinander befreit; dann ist der Tatbeweis dafür erbracht, dass es einen schöpferischen Frieden zwischen den widerstreitenden Grundkräften unserer Welt geben kann. Das zeigt, dass der Friedensdienst der Kirche weltweit Folgen haben kann und soll. „Indem sie nämlich die Wahrheit des Evangeliums verkündet und alle Bereiche menschlichen Handelns durch ihre Lehre und das Zeugnis der Christen erhellt, achtet und fördert sie auch die politische Freiheit der Bürger und ihre Verantwortlichkeit."[187] Einen weiteren Friedensdienst vollzieht die Kirche, indem sie den Menschen „durch ihr Wirken, auch durch ihre Liturgie, zur inneren Freiheit"[188] erzieht. Wichtiges zusammenfassend heißt es im Missionsdekret: Der Kirche ist aufgetragen, „durch das Zeugnis des Lebens, die Verkündigung, die Sakramente und die übrigen Mitteilungsweisen der Gnade zum Glauben, zur Freiheit und zum Frieden Christi zu führen."[189]

Vom *Glauben* hängt ab, ob der Mensch „vom Gesetz der Sünde und des Todes" freigemacht wird (Röm 8,2). Der Glaube selber ist ein freiheitlicher Akt, begründet in der freien Gnadenzuwendung Gottes, vollzogen in der freien Entscheidung des Menschen. Im Glauben „überantwortet sich der Mensch Gott als ganzer in Freiheit, indem er sich ‚dem offen-

187 GS n. 76,3.
188 GS n. 58,4.
189 AG n. 5,1.

barenden Gott mit Verstand und Willen voll unterwirft' und seiner Offenbarung willig zustimmt. Dieser Glaube kann nicht vollzogen werden ohne die zuvorkommende und helfende Gnade Gottes und ohne den inneren Beistand des Heiligen Geistes, der das Herz bewegen und Gott zuwenden, die Augen des Verstandes öffnen und ‚es jedem leicht machen muss, der Wahrheit zuzustimmen und zu glauben'."[190] Gott ist die erste Ursache des Glaubens. Er spricht das Wort, das die Antwort des Glaubens möglich macht; er verleiht die Kraft, gültig und gut zu antworten. „Der Glaube ist die gottgewirkte Antwort des Menschen auf die Anrede Gottes."[191] Glauben heißt dem sich offenbarenden Gott sein Jawort geben.

Das Dekret über die Religionsfreiheit stellt den freiheitlichen Charakter des Glaubens heraus, indem es einerseits auf das Zeugnis von Schrift und Überlieferung und andererseits auf das erlösende Handeln Jesu Christi hinweist: „Es ist ein Hauptbestandteil der katholischen Lehre, in Gottes Wort enthalten und von den Vätern ständig verkündet, dass der Mensch freiwillig durch seinen Glauben Gott antworten soll, dass dementsprechend niemand gegen seinen Willen zur Annahme des Glaubens gezwungen werden darf. Denn der Glaubensakt ist seiner Natur nach ein freier Akt, da der Mensch, von seinem Erlöser Christus losgekauft und zur Annahme an Sohnes Statt durch Jesus Christus berufen, dem sich offenbarenden Gott nicht anhangen könnte, wenn er nicht, indem der Vater ihn zieht, Gott einen vernunftsgemäßen und freien Glaubensgehorsam leisten würde."[192]

190 DV n. 5.

191 H. Niebecker, Wesen und Wirklichkeit der übernatürlichen Offenbarung, Freiburg 1940,40.

192 DH n. 10.

„Wer glaubt und sich taufen lässt, wird gerettet" (Mk 16,16). Wer glaubt wird zur Freiheit befreit[193]. Das ist ein Geschenk für alle Dimensionen des Menschen. Der ganze Mensch wird „innerlich erneuert."[194] Die durch die Sünde geschwächte Natur wird geheilt. Gott will „uns aus der Finsternis von Sünde und Tod befreien."[195] „Gottes Sohn hat in der mit sich geeinten menschlichen Natur durch seinen Tod und seine Auferstehung den Tod besiegt und so den Menschen erlöst und ihn umgestaltet zu einem neuen Geschöpf (vgl. Gal 6,15; 2 Kor 5,17)."[196] Er ist gekommen, „um den Menschen zu befreien und zu stärken, indem er ihn innerlich erneuerte."[197] Er eröffnet für alle Menschen „den seligen Weg der Freiheit der Kinder Gottes."[198] Es ist „der freie und sichere Weg zur Teilhabe am Christusgeheimnis."[199] Alle, die ihn in Freiheit gehen, nehmen als Geschwister Christi teil an seiner Freiheit. Die Jünger Jesu sollen „in königlicher Freiheit stehen."[200] Jedem Christgläubigen sagt der Völkerapostel: „Daher bist du nicht mehr Sklave, sondern Sohn, bist du aber Sohn, dann auch Erbe, Erbe durch Gott" (Gal 4,7).

So wird die *Gottesherrschaft* in dieser Welt mehr und mehr verwirklicht. Das Reich Gottes geht über die Grenzen der Menschheit hinaus. Es ist bestimmt, die ganze Schöpfung umzugestalten. Von Gott selbst auf Erden grundgelegt soll es sich weiter entfalten, „bis es am Ende der Zeiten von ihm auch vollendet wird, wenn Christus, unser Leben (vgl. Kol 3,4),

193 Vgl. PO n. 6.
194 GS n. 13,2.
195 DV n. 4,1
196 LG n. 7,1.
197 GS n. 13,2.
198 LG n. 37,2.
199 AG n. 5,1.
200 LG n. 36,1.

erscheinen wird und ‚die Schöpfung selbst von der Knechtschaft der Vergänglichkeit zur Freiheit der Herrlichkeit der Kinder Gottes befreit wird' (Röm 8,21).“[201]

Als „Liebhaber der rechten Freiheit“[202] sind alle von Christus Befreiten berufen, sich in seiner Nachfolge einzusetzen. Keinesfalls darf die Freiheit missbraucht werden. Mitten im Lobpreis der christlichen Freiheit muss Paulus den Galatern ans Herz legen: „Zur Freiheit hat uns Christus befreit. Bleibt daher fest und lasst euch nicht von neuem das Joch der Knechtschaft auflegen!“ (Gal 5,1). Und wiederum: „Ihr seid zur Freiheit berufen, Brüder, nur nehmt die Freiheit nicht zum Vorwand für das Fleisch, sondern dient einander in Liebe!“ (Gal 5,13). Dass das Leben in der Freiheit Christi in der Tat bei den Galatern gefährdet war, zeigen die drastischen Worte: „Wenn ihr einander beißt und verschlingt, dann gebt acht, dass ihr euch nicht gegenseitig umbringt“ (Gal 5,15). Die „Freiheit in Christus“ (Gal 2,4) verpflichtet dazu, in seinem Geist zu leben und zu lieben. Die Güter „brüderlicher Gemeinschaft und Freiheit müssen im Geist des Herrn und gemäß seinem Gebot auf Erden gemehrt werden.“[203] Das Konzil verbindet diesen Imperativ mit dem Ausblick auf den wiederkommenden Herrn: Wenn er in Herrlichkeit kommt werden Gemeinschaft und Freiheit vollendet werden, „gereinigt von jedem Makel, lichtvoll und verklärt, dann nämlich, wenn Christus dem Vater ‚ein ewiges, allumfassendes Reich übergeben wird: das Reich der Wahrheit und des Lebens, das Reich der Heiligkeit und der Gnade, das Reich der Gerechtigkeit, der Liebe und des Friedens'.“[204]

201 LG n. 9,2.
202 DH n. 8.
203 GS n. 39,3.
204 Ebd.

2.7. Kandidat der Heiligkeit

Eine der erstaunlichsten Antworten des Konzils auf die Frage „Was ist der Mensch?“ heißt: „Er ist das Geschöpf, das zum Heil und zur Heiligkeit berufen ist.“ Das Leben des Menschen beschränkt sich nicht auf die Grenzen dieser Erde; „in seiner Innerlichkeit übersteigt es die Gesamtheit der Dinge.“[205] In der Ewigkeit erdacht und gewollt soll er in der Ewigkeit fortdauern und seine höchste Erfüllung finden, und das nicht anonym irgendwo im unüberschaubaren Universum, sondern in der persönlichen Gemeinschaft mit seinem Schöpfer. Mehrfach hat das Konzil bezeugt, dass Gottes Liebe jedem Menschen gilt, dass jeder erlöst und vollendet werden soll. Gottes „Vorsehung, die Bezeugung seiner Güte und seine Ratschlüsse des Heils erstrecken sich auf alle Menschen.“[206] Ohne Ausnahme sind alle „durch Gottes Gnade zum Heil berufen“[207], Gott ist „um das Heil des ganzen Menschengeschlechtes besorgt.“[208] „Da alle Menschen eine geistige Seele haben und nach Gottes Bild geschaffen sind, da sie dieselbe Natur und denselben Ursprung haben, da sie, als von Christus Erlöste, sich derselben göttlichen Berufung und Bestimmung erfreuen“, gibt es eine „grundlegende Gleichheit aller Menschen,“[209] die zugleich eine Chancengleichheit ist, auch wenn nicht alle Menschen, ‚was die verschiedenen physischen Fähigkeiten und die unterschiedlichen geistigen und sittlichen Kräfte angeht,‘ auf gleicher Stufe stehen.“[210] Selbst jene, die meinen gottlos zu sein, sieht das Konzil im Licht der Gnade: „Die göttliche Vor-

205 GS n. 14,2.
206 NÄ n. 1.
207 LG n. 13,4.
208 DV n. 14,1.
209 GS n. 29,1.
210 GS n. 29,2.

sehung verweigert auch denen das zum Heil Notwendige nicht, die ohne Schuld noch nicht zur ausdrücklichen Anerkennung Gottes gekommen sind, jedoch, nicht ohne die göttliche Gnade, ein rechtes Leben zu führen sich bemühen. Was sich nämlich an Gutem und Wahrem bei ihnen findet, wird von der Kirche als Vorbereitung für die Frohbotschaft und als Gabe dessen geschätzt, der jeden Menschen erleuchtet, damit er schließlich das Leben habe."[211]

Zum Kind Gottes erwählt ist der Mensch „zur eigentlichen Gemeinschaft mit Gott und zur Teilnahme an dessen eigener Seligkeit berufen."[212] Für alle ist der Sohn Gottes Mensch geworden, für alle hat er gelebt und gewirkt, für alle ist er gestorben. Als der neue Adam macht er „in der Offenbarung des Geheimnisses des Vaters und seiner Liebe dem Menschen den Menschen selbst voll kund und erschließt ihm seine höchste Berufung."[213] Der Kirche ist aufgetragen, das aller Welt zu verkünden. Was das Konzil über ihre eigene Heiligkeit und über das allen ihren Gliedern zugedachte Heiligwerden sagt, wirft daher Licht auf die Berufung aller Menschen. Im Hören auf das biblische Zeugnis weiß die Kirche, dass *Gott allein* heilig ist[214]. Das ist nicht eine Eigenschaft unter anderen; Heiligsein meint das eigentliche Gottsein Gottes, das, was ihn letztlich als den Einzigen und Ganzandern von allem unterscheidet und ihn gleichzeitig als den Einen mit allen verbindet. Beides ist zu sehen, auch wenn das Erstgenannte primär mit dem Wort „heilig" intendiert wird. So heißt es im Jesajabuch zuerst: „Heilig, heilig, heilig ist der Herr der Heerscharen." Sofort wird aber hinzugefügt: „Von seiner Herrlich-

211 LG n. 16.
212 GS n. 21,3.
213 GS n. 22,1.
214 LG n. 39

keit ist die ganze Erde erfüllt" (Jes 6,3). In der Apokalypse wird dieser Ruf aufgenommen und variiert, indem das Ganzandersein und das Alles-in-allem-Sein Gottes mit zeitlichen Kategorien verbunden wird: „Heilig, heilig, heilig ist der Herr, der Gott, der Herrscher über die ganze Schöpfung, er war und er ist und er kommt" (Offb 4,8).

Weil Gott allein heilig ist, ist sein Name, sein Wesen heilig. Deshalb schwört der Herr bei seiner Heiligkeit (Am 4,2; Ps 70,22; Jes 5,24; Hab 3,3). Jesaja spricht neunundzwanzigmal von dem „Heiligen Israels". Damit ist nicht nur der Heilige gemeint, der sich Israel offenbart hat und von diesem als solcher bezeugt wird. Israel selbst ist in die Heiligkeitssphäre Gottes hineingenommen. Das ist der schockierende Ausdruck der Tatsache, dass Gott heilig ist und heiligt.

Gottes Heiligkeit ist kein ruhender, auf sich beruhender Zustand. Selbst sein Eigenstes will Gott mitteilen. Gerhard von Rad spricht in seiner „Theologie des Alten Testaments" von einem „penetranten Immanenzwillen"[215], der alle Kreaturen, Menschen und Dinge, Orte und Zeiten, also alle Gegebenheiten ergreifen kann, von den himmlischen Wesen seiner Umgebung bis hin zu Dornbusch und Stein. Jahwe heiligt die Stätten, in denen er wohnen und wirken will: die Himmel (Ps 20,7), das Land Kanaan (Sach 2,17; Ps 77,54), die Stadt Jerusalem (Ps 45,4; Jes 48,2; 52,1), den Sion (Jes 27,13; Jer 31,32), den Tempel (1 Kön 6,16; Ps 5,9), vom Allerheiligsten (Ex 26,33) bis hinaus zum äußersten Vorhof (Ex 29,31). Geheiligt werden auch die Kultgewänder, die Kultgeräte und die Kultzeiten. In allem erfüllt sich die Verheißung des Herrn: „Ich werde mich vor den Augen der Völker durch euch als heilig erweisen" (Ez 20,41).

215 G. von Rad, Theologie des Alten Testaments, Bd. I, München ^{3}1961, 206.

Bereits im Ersten Bund ist Heiligkeit das Spezifikum des Gottesvolkes. Nicht weil es aus sich besondere sittliche Qualitäten mitgebracht hätte, sondern weil der allein Heilige es zu seinem Volk machen wollte, ist Israel heilig. „Seid mir also heilig, denn ich, der Herr, bin heilig; ich habe euch auserwählt aus den Völkern, damit ihr mir gehört" (Lev 20,26). „Ihr sollt mir ein Königreich von Priestern und ein heiliges Volk sein" (Ex 19,6). Dieser Gnadenwahl hat Israel im Leben und im Kult zu entsprechen: „Ihr sollt mir heilig sein" (Ex 22,30). Auf dieses Grundmotiv stützt sich die älteste Gesetzessammlung, das Bundesbuch und seine Forderungen. Ähnliches gilt vom deuteronomischen Kodex (Dtn 21–26), wie es die Mahnung zeigt, welche die Einzelvorschriften beschließt: „Heute hast du der Erklärung des Herrn zugestimmt. Er hat dir erklärt: Er will dein Gott werden, und du sollst auf seinen Wegen gehen, seine Gesetze, Gebote und Rechtsentscheide bewahren und auf seine Stimme hören. Und der Herr hat heute deiner Erklärung zugestimmt. Du hast ihm erklärt: Du möchtest das Volk werden, das ihm persönlich gehört, wie er es dir zugesagt hat. Du willst auf alle seine Gebote achten; er soll dich über alle Völker, die er geschaffen hat, erheben – zum Lob, zum Ruhm, zur Zierde –, und du möchtest ein Volk werden, das ihm, dem Herrn, deinem Gott heilig ist, wie er es zugesagt hat" (Dtn 26,17–19). Die Reinigungs- und Heiligungsgesetze des Priesterkodex gründen auf zwei noch eindeutigeren Erklärungen: „Ich bin Jahwe, der euch heiligt" (Lev 22,23) und: „Ich bin der Herr, euer Gott! Seid heilig, denn ich bin heilig" (Lev 11,44 f.).

Das Volk Israel ist diesem Anspruch nicht gerecht geworden. Die Propheten haben ihm das immer wieder vorgehalten. Zugleich wurde durch einige von ihnen eine endgültige Erfüllung verheißen, die für die ganze Welt entscheidend wird. „Wohin sie aber kamen, entweihten sie dort meinen heiligen Namen“, lautet die Klage Gottes (Ez 36,20). Dieses Versagen Israels hindert den Herrn nicht daran, es weiterhin zu begnaden und sein Heiligen zu vollenden: „Da tat mir mein heiliger Name leid, den das Haus Israel bei den Völkern entweihte, wohin es auch kam. Darum sag zum Haus Israel: So spricht Gott, der Herr: Nicht euretwegen handle ich, Haus Israel, sondern um meines heiligen Namens willen, den ihr bei den Nationen entweiht habt, wohin ihr auch gekommen seid. Meinen großen, bei den Nationen entweihten Namen, den ihr mitten unter ihnen entweiht habt, werde ich wieder heiligen. Und die Völker – Spruch Gottes, des Herrn – werden erkennen, dass ich der Herr bin, wenn ich mich an euch vor ihren Augen als heilig erweise“ (Ez 36,21–23). Zweierlei ist hierbei bemerkenswert: (1) Das Heiligungswerk Gottes an seinem Volk ist solcher Art, dass die Heiden durch es den Herrn zu erkennen vermögen. (2) Gott selbst schafft dereinst zu seiner Verherrlichung aus freier Gnade ein endgültig heiliges Volk.

Das Neue Testament verkündet, dass der Herr das in Christus erfüllt hat. In Christus kommt das alte Bundesvolk zu seiner Vollendung und das neue zu seinem Anfang. In Christus erweist sich Gott ein für allemal als „heilig in ihrer Mitte“. „Christus hat die Kirche geliebt und sich für sie hingegeben, um sie zu heiligen, da er sie gereinigt hat durch das Wasserbad im Wort. So will er die Kirche herrlich vor sich hinstellen, ohne Flecken oder Falten oder andere Fehler; heilig soll sie sein und makellos“ (Eph 5,26 f.).

Dass die Heiligkeit der Kirche das Werk des dreieinen Gottes ist spiegelt sich im hohepriesterlichen Gebet Jesu wider. Vor seinem Leiden erbittet der Herr von seinem Vater für die Seinen: „Heilige sie in der Wahrheit“ (Joh 17,17). Wesenhaftes Heiligen vollzieht sich im Mit-teilen der Heiligkeit, also des persönlichsten, man könnte auch sagen des göttlichsten Gutes.

Das Menschen zu gewähren ist Sache des Vaters, der Urbild und Ursprung aller Heiligkeit ist. Jesus spricht nicht nur die Bitte um ein solches Heiligen aus, er ist auch bereit, dieses Geschehen mitzutragen. Sein uneingeschränktes Ja zu dem Heiligen, das vom Vater ausgeht, lautet: „Ich heilige mich für sie, damit auch sie in Wahrheit geheiligt sind“ (Joh 17,19). Mit diesen Worten ist auch gesagt, dass es um ein verbindliches Geschehen geht, um ein wahrhaftes Neuwerden. Durch den Sohn und seinen Geist ist die Kirche wesenhaft heilig. Sie ist es, auch wenn ihre Mitglieder immer wieder unheilig handeln und sind. Das Konzil lehrt von diesem „Heiligen“ und dem sich daraus ergebenden Heiligwerden des Gottesvolkes: „Christus, der Sohn Gottes, der mit dem Vater und dem Geist als ‚allein Heiliger‘ gepriesen wird, hat die Kirche als seine Braut geliebt und sich für sie hingegeben, um sie zu heiligen (vgl. Eph 5,25 f.). Er hat sie als seinen Leib mit sich verbunden und mit der Gabe des Heiligen Geistes reich beschenkt zur Ehre Gottes.“[216]

„Geheiligt werde dein Name“ (Mt 6,9) heißt es in dem Gebet, das Jesus den Seinen geschenkt hat. Es ist nicht so, dass die Christen aufgrund eines abstrakten kategorischen Imperativs zu einer gewissen moralischen Höhe verpflichtet wären; sie sollen heilig leben, weil sie nur so ihrer einzigartigen Begnadung entsprechen. „Werdet auch selber heilig in eurem ganzen Wandel nach dem Willen des Heiligen, der euch berufen hat“, mahnt der Apostel (1 Petr 1,15) unter Verweis auf den Befehl aus dem Buch Levitikus, der jetzt erst in seiner ganzen Tragweite deutlich wird. „Ihr sollt heilig sein, denn ich bin heilig“ (1 Petr 1,16). Die Heiligen sind kein Sonderfall in der Kirche, sie sind die Mitglieder, die deren Wesen gemäß leben und sterben. Sie sind daher qualifizierte Zeugen der heiligen

216 LG n. 39.

Kirche, ob es ihnen bewusst ist oder nicht. Sie tragen dazu bei – wie das Konzil formuliert – dass die „Einheit der ganzen Kirche durch die Übung der brüderlichen Liebe im Geist gestärkt werde (vgl. Eph 4,1–6)."[217] Karl Rahner sagt von ihnen: Sie sind für die Konstitution der Kirche „von wesenhafter Bedeutung nicht bloß als geglückte Produkte der Kirche als institutioneller Heilsanstalt, die durch Lehre und Erziehung, durch Leitung und Gnadenmittel zur Reife gebracht, gewissermaßen als Ergebnis zur ‚triumphierenden' Kirche hinüber – abgeliefert werden. Sie gehören als solche Heilige wesentlich zur Kirche, sie selber wäre nicht die, die sie sein muss, gäbe es ihre Heiligen nicht."[218]

Sie sind und bleiben wichtige Helfer zur Heiligkeit. „Wenn wir nämlich auf das Leben der treuen Nachfolger Christi schauen, erhalten wir neuen Antrieb, die künftige Stadt zu suchen (vgl. Hebr 13,14 und 11,10). Zugleich werden wir einen ganz verlässlichen Weg gewiesen wie wir, jeder nach seinem Stand und seinen eigenen Lebensverhältnissen, durch die irdischen Wechselfälle hindurch zur vollkommenen Vereinigung mit Christus, nämlich zur Heiligkeit, kommen können. Im Leben derer, die, zwar Schicksalsgenossen unserer Menschlichkeit, dennoch vollkommener dem Bilde Christi gleichgestaltet werden (vgl. 2 Kor 3,18), zeigt Gott den Menschen in lebendiger Weise seine Gegenwart und sein Antlitz. In ihnen redet er selbst zu uns, gibt er uns ein Zeichen seines Reiches, zu dem wir, mit einer so großen Wolke von Zeugen umgeben und angesichts solcher Bezeugung der Wahrheit des Evangeliums, mächtig hingezogen werden."[219] Im Himmel wird weitergeführt, was auf Erden durch Gottes Gnade begonnen

217 LG n. 50,3.

218 K. Rahner, Schriften zur Theologie, Bd. III, Einsiedeln [3]1959,117.

219 LG 49,2.

worden ist. Wie „die christliche Gemeinschaft unter den Erdenpilgern uns näher zu Christus bringt, so verbindet auch die Gemeinschaft mit den Heiligen uns mit Christus, von dem als Quelle und Haupt jegliche Gnade und das Leben des Gottesvolkes ausgehen.“[220]

Christus hat alle die Seinen zur Heiligkeit berufen: „Der Herr Jesus, göttlicher Lehrer und Urbild jeder Vollkommenheit, hat die Heiligkeit des Lebens, deren Urheber und Vollender er selbst ist, allen und jedem einzelnen seiner Jünger in jedweden Lebensverhältnissen gepredigt: ‚Seid ihr also vollkommen, wie auch euer Vater im Himmel vollkommen ist‘ (Mt 5,48). Allen hat er den Heiligen Geist gesandt, dass er sie innerlich bewege, Gott aus ganzem Herzen, aus ganzer Seele, aus ganzem Gemüt und aus ganzer Kraft zu lieben (vgl. Mk 12,30) und einander zu lieben, wie Christus sie geliebt hat (vgl. Joh 13,34, 15,12). Die Anhänger Christi sind von Gott nicht kraft ihrer Werke, sondern aufgrund seines gnädigen Ratschlusses berufen und in Jesus dem Herrn gerechtfertigt, in der Taufe des Glaubens wahrhaft Kinder Gottes und der göttlichen Natur teilhaftig und so wirklich heilig geworden. Sie müssen daher die Heiligung, die sie empfangen haben, mit Gottes Gnade im Leben bewahren und zur vollen Entfaltung bringen.“[221] „Alle Christgläubigen sind also zum Streben nach Heiligkeit und ihrem Stand entsprechender Vollkommenheit eingeladen und verpflichtet.“[222] Um diese so oft verkannte Wahrheit möglichst plausibel zu machen, geht die Kirchenkonstitution auf einzelne Stände ein und weist auf deren spezifischen Weg zur Heiligkeit hin. So werden die Gaben und Aufgaben der Bischöfe, Priester und Diakone in den Blick

220 LG 49,3.
221 LG n. 40,1.
222 LG n. 42,5.

gerückt[223], dazu die der Laien und insbesondere der Eheleute[224]. Spezielle Aufmerksamkeit gilt den Armen, Schwachen und Kranken[225]. Beim Hinweis auf die Arbeiterschaft findet das Konzil bedenkenswerte Worte über deren Sendung und über die nur selten wahrgenommenen Dimensionen jener Tätigkeit, die bei den meisten Menschen die längste Zeit ihres aktiven Lebens in Anspruch nimmt: „Jene aber, die – oft so schwer – arbeiten, müssen durch die menschliche Arbeit sich selbst vollenden, das Wohl der Mitbürger fördern und die ganze Gesellschaft und Schöpfung höherführen. Sie sollen aber auch Christus in tätiger Liebe nachahmen, der handwerklich gearbeitet hat und immer mit dem Vater zum Heil aller wirkt. In freudiger Hoffnung soll einer des anderen Last tragen und gerade durch die tägliche Arbeit zu einer höheren, auch apostolischen Heiligkeit emporsteigen."[226]

Während viele meinen, das geistliche Leben müsse jenseits der normalen Tätigkeit ein- und ausgeübt werden, weist das Konzil darauf hin, dass Weltdienst und Heiligkeitsstreben zusammengehören. Damit greift es die Botschaft auf, die Johannes XXIII. in seiner Sozialenzyklika „Mater et Magistra" verkündet hat. Gegen Ende seiner Darlegungen über die Neuordnung des gesellschaftlichen Lebens in der Wahrheit, der Gerechtigkeit und der Liebe schreibt der Papst: „Niemand soll sich dem eitlen Wahn hingeben, die eigene geistliche Vervollkommung und die irdische Alltagsarbeit widersprächen einander. Sie sind durchaus miteinander vereinbar. Und es soll niemand meinen, man müsse sich den Werken des zeitlichen Lebens notwendigerweise entziehen, um nach christ-

223 LG n. 41,2.
224 LG n. 41,5.
225 LG n. 41,6.
226 LG n. 41,5.

licher Vollkommenheit zu streben."[227] Johannes XXIII. spricht sogar von der erlösenden Kraft der Arbeit und ihrer apostolischen Auswirkung: Wenn „die Gläubigen unserem heiligen Erlöser aus ganzem Herzen verbunden sind bei ihrer Arbeit in der Welt, dann setzt ihre Arbeit in gewissem Sinn die Arbeit Jesu Christi selber fort; sie empfängt von ihm erlösende Kraft und Stärke: ‚Wer in mir bleibt und ich in ihm, der bringt viele Frucht' (Joh 15,5). Diese menschliche Arbeit wird dann so über sich hinausgehoben und geadelt, dass sie die Menschen, die sie ausführen, innerlich vervollkommnet und dazu hilft, den Segen der christlichen Erlösung anderen mitzuteilen und überallhin zu verbreiten hilft."[228]

Alle Menschen sind berufen, „in den verschiedenen Verhältnissen und Aufgaben des Lebens"[229] den ihnen persönlich zugewiesenen Weg zur Heiligkeit zu gehen. Dabei kann und soll es zu den unterschiedlichsten Weisen des geistlichen Lebens kommen. Franz von Sales hat das in seiner „Philothea" anschaulich vor Augen geführt. Um deutlich zu machen, dass „jeder nach seiner Art und seinem Beruf" handeln muss, schreibt er: „Die Frömmigkeit muss anders geübt werden vom Edelmann, anders vom Handwerker, Knecht oder Fürsten, anders von der Witwe, dem Mädchen, der Verheirateten. Mehr noch: die Übung der Frömmigkeit muss auch noch der Kraft, der Beschäftigung und den Pflichten eines jeden angepasst sein. Wäre es denn in Ordnung, wenn ein Bischof einsam leben wollte wie ein Kartäuser? Oder wenn Verheiratete sich so wenig um Geld kümmerten wie die Kapuziner? Kann ein

227 Johannes XXIII., Enzyklika, „Über die jüngsten Entwicklungen des gesellschaftlichen Lebens und seine Gestaltung im Licht der christlichen Lehre", Mater et Magistra, Rom 1961, n. 255.

228 A. a. O., n. 260.

229 LG n. 41,1.

Handwerker den ganzen Tag in der Kirche verbringen, wie die Mönche es tun? Dürfen anderseits Mönche aus beschaulichen Orden jedermann zur Verfügung stehen, wie es der Bischof muss? – Eine solche Frömmigkeit wäre doch lächerlich, ungeordnet, ja unerträglich … Nein, echte Frömmigkeit verdirbt nichts; im Gegenteil, sie macht alles vollkommen. Verträgt sie sich nicht mit einem rechtschaffenen Beruf, dann ist sie gewiss nicht echt."[230] Entsprechend lautet seine zusammenfassende Botschaft: „Wo immer wir sind, überall können und sollen wir nach einem Leben der Vollkommenheit streben."[231]

In diesem Sinne stellt das Konzil heraus: „Alle Christgläubigen also werden in ihrer Lebenslage, ihren Pflichten und ihren Verhältnissen und durch dies alles von Tag zu Tag mehr geheiligt, wenn sie alles aus der Hand des himmlischen Vaters im Glauben entgegennehmen und mit Gottes Willen zusammenwirken und so die Liebe, mit der Gott die Welt geliebt hat, im zeitlichen Dienst selbst allen kundmachen."[232] Was immer der Einzelne auf seine persönliche Weise wahrzunehmen hat, er muss sich „vom Geist Gottes leiten lassen und, der Stimme des Vaters gehorsam, Gott den Vater im Geist und in der Wahrheit anbeten und dem armen, demütigen, das Kreuz tragenden Christus folgen und so der Teilnahme an seiner Herrlichkeit würdig werden. Jeder aber muss nach seinen eigenen Gaben und Gnaden auf dem Weg eines lebendigen Glaubens, der die Hoffnung weckt und durch Liebe wirksam ist, entschlossen vorangehen."[233] Da alle zur Heiligkeit berufen sind sollen alle „die Kräfte, die sie nach Maß der Gnadengabe

230 Franz von Sales, Anleitung zum frommen Leben, Philothea, I,3.
231 Ebd.
232 LG n. 41,7.
233 LG n. 41,1.

Christi empfangen haben, anwenden, um seinen Spuren folgend und seinem Bild gleichgestaltet, dem Willen des Vaters in allem folgsam, sich mit ganzem Herzen der Ehre Gottes und dem Dienst des Nächsten hinzugeben."[234]

2.8. Anwärter der Seligkeit

Für viele enden die Antworten auf die Frage „Was ist der Mensch?" an der Todesgrenze. Ihre letzte Auskunft lautet: „Der Mensch ist ein sterbliches Wesen. Wenn er stirbt ist es aus mit ihm." Es ist wie beim Tod des Doktors Faust. Die Lemuren singen: „Es ist vorbei." Mephistopheles ergänzt: „Vorbei! ein dummes Wort … Vorbei und reines Nicht, vollkommnes Einerlei."[235] Es liegt nahe, dass eine solche Sicht des Menschen sich auf alle anderen Aussagen über ihn auswirkt und auch die Lebensweise derer, die ihnen gemäß handeln, beeinflusst.

Anders das Konzil. Es kennt nicht nur irgendein Weiterleben des Menschen; es verkündet, dass dem Menschen ewiges Leben zugedacht ist in der Gemeinschaft mit dem dreieinen Gott. Jeder Mensch ist ein Anwärter auf diese Seligkeit: „Während vor dem Tod alle Träume nichtig werden, bekennt die Kirche, belehrt von der Offenbarung Gottes, dass der Mensch von Gott zu einem seligen Ziel jenseits des irdischen Elends geschaffen ist. Außerdem lehrt der christliche Glaube, dass der leibliche Tod, dem der Mensch, hätte er nicht gesündigt, entzogen gewesen wäre, besiegt wird, wenn dem Menschen sein Heil, das durch seine Schuld verlorenging, vom allmächtigen und barmherzigen Erlöser wiedergeschenkt wird. Gott rief und ruft nämlich den Menschen, dass er ihm in der ewi-

234 LG n. 40,2.
235 J. W. von Goethe, Faust II, VV 11595 f., 11598.

gen Gemeinschaft unzerstörbaren göttlichen Lebens mit seinem ganzen Wesen anhange. Diesen Sieg hat Christus, da er den Menschen durch seinen Tod vom Tod befreite, in seiner Auferstehung zum Leben errungen."[236] Wenn er wiederkommt in Herrlichkeit vollendet er das Heilswerk, das er auf Erden begonnen hat. Das Konzil bezeugt das an gewichtigen Stellen. In seiner Pastoralkonstitution beschließt es den ersten Hauptteil über die Kirche und die Berufung des Menschen mit den Worten aus dem letzten Buch der Bibel: „Der Herr selbst spricht: ‚Sieh, ich komme bald und mein Lohn ist mit mir, einem jeden zu vergelten nach seinen Werken. Ich bin das Alpha und das Omega, der Erste und der Letzte, Anfang und Ende' (Offb 22,12–13)."[237] In der Kirchenkonstitution bekennen die Konzilsväter: Wir erwarten tapfer im Glauben „‚die selige Hoffnung und die Ankunft der Herrlichkeit unseres großen Gottes und Erlösers Jesus Christus' (Tit 2,13), ‚der unseren Leib der Niedrigkeit verwandeln wird zur Gleichgestalt mit dem Leib seiner Herrlichkeit' (Phil 3,21). Er wird kommen, ‚um verherrlicht zu werden in seinen Heiligen und wunderbar in allen, die geglaubt haben' (2 Thess 1,10)."[238] Wiederum findet sich ein apokalyptisches Wort an bevorzugter Stelle. Am Ende des Kapitels über den endzeitlichen Charakter der pilgernden Kirche und ihre Einheit mit der himmlischen Kirche heißt es: Wenn „Christus erscheint und die Toten in Herrlichkeit auferstehen, wird der Lichtglanz Gottes die himmlische Stadt erhellen, und ihre Leuchte wird das Lamm sein (vgl. Offb 21,24). Dann wird die ganze Kirche der Heiligen in der höchsten Seligkeit der Liebe Gott und das ‚Lamm, das geschlachtet ist' (Offb 5,12), anbeten und mit einer

236 GS n. 18,2.
237 GS n. 45,4.
238 LG n. 48,4.

Stimme rufen: ‚Dem, der auf dem Thron sitzt, und dem Lamm: Lobpreis und Ehre und Herrlichkeit und Macht in alle Ewigkeit' (Offb 5,13–14)."[239]

Mit der Wiederkunft Christi in Herrlichkeit ist sein *Gericht* verbunden. Es gründet in der Liebe des dreieinen Gottes. Das Gericht ist zunächst *Sache des Vaters.* Es ist nicht ein beiläufiges, leidiges Verfahren, das irgendeine untere Instanz erledigen könnte. Es ist eine Wesenstat des Allerhöchsten, eine „Auswirkung" seiner Heiligkeit. So heißt es in der Apostelgeschichte: Gott „hat einen Tag festgesetzt, an dem er den Erdkreis in Gerechtigkeit richten wird" (Apg 17,31). Spezifisch neutestamentlich ist der sich anschließende Hinweis darauf, dass Gottes Gericht „durch einen Mann (geschieht), den er dazu bestimmt und vor allen Menschen dadurch ausgewiesen hat, dass er ihn von den Toten auferweckte" (Apg 17,31). Der Vater richtet *durch den Sohn.* Im Johannesevangelium stoßen wir wiederholt auf diese Aussage. Dort erfahren wir auch Näheres über Wesen und Weise dieser Anordnung. Vom Vater aus gesehen ist zu sagen: Sie ist Frucht der Liebe des Vaters zum Sohn und zu den Menschen. „Der Vater liebt den Sohn und hat alles in seine Hand gegeben" (Joh 3,35) Der Vater „hat das Gericht ganz dem Sohn übertragen, damit alle den Sohn ehren, wie sie den Vater ehren" (Joh 5,22 f.). Vom Sohn aus gesehen ist sein Richten „im Namen des Vaters" ein Zeichen seiner innigen Verbundenheit mit dem Vater und wiederum seiner Verbundenheit mit den Menschen, deren Schicksal ihn zutiefst bewegt: „Von mir selbst aus kann ich nichts tun; ich richte, wie ich es (vom Vater) höre, und mein Gericht ist gerecht, weil es mir nicht um meinen Willen geht, sondern um den Willen dessen, der mich gesandt hat" (Joh 5,26 f.). Die Menschlichkeit Jesu und sein Heilsauftrag begründen und

239 LG n. 51,2.

prägen sein besonderes Richteramt. All das geschieht im *Heiligen Geist.* Wie der ewige Sohn in innigster Gemeinschaft mit dem Heiligen Geist lebt, wie Jesus Christus im Heiligen Geist gelebt und gewirkt hat, gestorben und auferstanden ist, so vollzieht sich auch sein letztes Richten im Heiligen Geist. Es geschieht in dem Geist, der den Erdkreis erfüllt und Kenntnis hat von jedem Hauch (Weish 1,7); in dem Geist, der „die Welt überführen wird der Sünde, der Gerechtigkeit und des Gerichts" (Joh 16,9); es geschieht im Geist der Liebe.

Gemäß dem Zeugnis der Heiligen Schrift und der Glaubensüberlieferung bekennt das Konzil: „Bevor wir mit dem verherrlichten Christus herrschen können, werden wir alle erscheinen ‚vor dem Richterstuhl Christi, damit ein jeder Rechenschaft ablege über das, was er in seinem leiblichen Leben getan hat, Gutes oder Böses' (2 Kor 5,10). Am Ende der Welt ‚werden die, welche Gutes getan haben, hervorgehen zur Auferstehung des Lebens, die aber Böses getan haben, zur Auferstehung des Gerichtes' (Joh 5,29; vgl. Mt 25,46)."[240] Der Hinweis auf das 25. Kapitel des Matthäusevangeliums kann bewusst machen, dass es im Letzten Gericht um Taten der Liebe geht. Die Werke der leiblichen Barmherzigkeit sind das entscheidende Kriterium für das Urteil des Richters.

Das Letzte Gericht, das mit dem Maßstab der Liebe misst, geschieht aus Liebe und in Liebe. Gewiss geschieht das Gericht weil Gott heilig ist, weil er gerecht, weil er wahrhaftig ist; vornehmlich aber, weil er die Liebe ist. Das Letzte Gericht ist geradezu ein Wunder der Liebe. Wir finden, diesen Ausdruck bei Herman Schell. Gegen Ende seiner Dogmatik schreibt er: „Offenbarung ist Wunder, wie die Schöpfung im absoluten Sinn ein Wunder ist, – weil Freiheitstat; Anfang und Ende der Offenbarung ist im innersten Wesen ein weltgeschichtliches

240 LG n. 48,4.

Wunder; die Wunder der Offenbarungsgeschichte enden erst im Weltgericht, und dieses selbst ist über alle Maßen ein *Wunder.*“[241] Die Liebe bestimmt auch den Modus des Gerichtsgeschehens. Was mit dem einzelnen Menschen und allen insgesamt vor sich geht, wird von der Liebe bestimmt, von einer glühenden, eifernden, verzehrenden Liebe, die auf das Höchste aus ist. So kann es auch keinen geringeren Maßstab geben als den der Liebe. So entspricht es dem Hauptgebot der Liebe, das allen anderen Geboten zugrunde liegt und sie zugleich alle umfasst.

Weil Gott alle Menschen liebt sind alle dem Letzten Gericht unterworfen. Lebende und Tote, Große und Kleine, Gläubige und Ungläubige, alle ohne Ausnahme werden „vor dem Richterstuhl Gottes stehen. Denn es heißt in der Schrift: So wahr ich lebe, spricht der Herr, vor mir wird jedes Knie sich beugen und jede Zunge wird Gott preisen. Also wird jeder von uns vor Gott über sich selbst Rechenschaft ablegen.“ (Röm 14,12). Vom Gericht über alle schreibt der Seher vom Patmos: „Dann sah ich einen großen weißen Thron und den, der auf ihm saß; vor seinem Anblick flohen Erde und Himmel, und es gab keinen Platz mehr für sie. Ich sah die Toten vor dem Thron stehen, die Großen und Kleinen. Und Bücher wurden aufgeschlagen; auch das Buch des Lebens wurde aufgeschlagen. Die Toten wurden nach ihren Werken gerichtet, nach dem, was in den Büchern aufgeschrieben war. Und das Meer gab die Toten heraus, die in ihm waren; und der Tod und die Unterwelt gaben ihre Toten heraus, die in ihnen waren. Sie wurden gerichtet, jeder nach seinen Werken“ (Offb 20,11–13). Alle Elemente des Letzten Gerichtes signalisieren den Anbruch der endgültigen Gottesherrschaft und

241 H. Schell, Katholische Dogmatik, Bd. III, hg. v. H. Petri und P.-W. Scheele, Paderborn ^{2}1994,703.

damit die Vollendung der Schöpfung und Erlösung, die Gott allein bewirken kann.

Durch den Geist der Liebe, „der das ‚Unterpfand der Erbschaft' (Eph 1,14) ist, wird der ganze Mensch innerlich erneuert bis zur ‚Erlösung des Leibes' (Röm 8,23): ‚Wenn der Geist dessen, der Jesus von den Toten erweckt hat, in euch wohnt, wird er, der Jesus von den Toten erweckt hat, auch eure sterblichen Leiber lebendig machen wegen des in euch wohnenden Geistes' (Röm 8,11)."[242] Wie der Auferstandene für immer mit *Leib und Seele* beim Vater ist, so sollen alle seine Brüder und Schwestern mit Leib und Seele der himmlischen Herrlichkeit teilhaft werden. Es ist also nicht so wie viele meinen, dass die Seele von der Last des Leibes befreit wird und unbeschwert selig wird und Gott, dem reinen Geist, besonders ähnlich ist. Denjenigen, die das vertreten, hält Thomas von Aquin entgegen: „Die mit dem Leibe vereinte Seele ist Gott ähnlicher als die vom Leibe getrennte, weil jene auf vollkommenere Weise ihre Natur besitzt."[243] Josef Pieper unterstreicht das mit den Worten: „Die Seele also ist, mit dem Leib verbunden, nicht allein menschlicher, sondern auch gottähnlicher."[244]

Zusammen mit den Menschen wird die ganze Welt in das Heilsgeschehen einbezogen. „Die Welt des Menschen, das heißt die ganze Menschheitsfamilie mit der Gesamtheit der Wirklichkeiten, in denen sie lebt, ... ist bestimmt, umgestaltet zu werden nach Gottes Heilsratschluss und zur Vollendung zu kommen."[245] Mit der Bibel spricht das Konzil *vom neuen*

242 GS n.22,4.

243 Thomas von Aquin. Quaestio disputata de spiritualibus creaturis 2 ad 5.

244 J. Pieper, Tod und Unsterblichkeit, München 1968, 58.

245 GS n. 2,2.

Himmel und der neuen Erde. Diese werden bereits im Ersten Bund angekündigt. Durch seinen Propheten verheißt Jahwe:

„Schon erschaffe ich einen neuen Himmel
und eine neue Erde.
Man wird nicht mehr an das Frühere denken,
es kommt niemand mehr in den Sinn.
Nein, ihr sollt euch ohne Ende freuen und jubeln
über das, was ich erschaffe" (Jes 65,17 f).

Zur Erfüllung dieser Verheißung gehört ein tiefgreifender Prozess der Verwandlung. Im Blick auf diesen sagt der Völkerapostel: „Die Gestalt dieser Welt vergeht" (1 Kor 7,31). Im 2. Petrusbrief wird das radikale Neuwerden durch das Bild des Feuers angezeigt. Es heißt: „Der jetzige Himmel aber und die jetzige Erde sind durch dasselbe Wort für das Feuer aufgespart worden" (2 Petr 3,7). Alle Schrecken, die mit dem Bild des Feuers verknüpft sind, sollten nicht übersehen lassen, dass nicht von einem Ende die Rede ist, sondern von einem Neubeginn: „An jenem Tage wird sich der Himmel im Feuer auflösen, und die Elemente werden im Brand zerschmelzen. Dann erwarten wir, seiner Verheißung gemäß, einen neuen Himmel und eine neue Erde, in denen die Gerechtigkeit wohnt" (2 Petr 3,12 f.). Im letzten Buch der Bibel wird die letzte Erfüllung der Verheißung verkündet. Nach dem Gericht über alle Toten wird Johannes die Vollendung der Schöpfung und der Erlösung geoffenbart: „Dann sah ich einen neuen Himmel und eine neue Erde; denn der erste Himmel und die erste Erde sind vergangen, auch das Meer ist nicht mehr" (Offb 21,1). Das Konzil gibt das weiter. Es bezeugt: „Es vergeht zwar die Gestalt dieser Welt, die durch die Sünde missgestaltet ist, aber wir werden belehrt, dass Gott eine neue Wohnstätte und eine neue Erde bereitet, in der die Gerechtigkeit wohnt, deren Seligkeit jede Sehnsucht nach Frieden in den Herzen der Menschen erfüllt und übertrifft … und die ganze Schöpfung, die Gott um des Menschen willen schuf, wird von der Knechtschaft der Vergänglichkeit befreit sein."[246] Der Herr erfüllt, was er im Römerbrief verheißen hat: „Auch die Schöpfung soll von der Sklaverei und Verlorenheit befreit werden zur Freiheit und Herrlichkeit der Kinder Gottes. Denn wir wissen, dass die gesamte Schöpfung bis zum heutigen Tag seufzt und in Geburtswehen liegt" (Röm 8,21 f.). Zeitlebens leidet der Mensch mit: „Aber auch wir, obwohl wir als Erstlingsgabe den Geist haben, seufzen in unserem Herzen" (Röm 8,23). Am Ende ändert sich das von Grund auf. „Was in Schwachheit und Verweslichkeit gesät wurde, wird sich mit Unverweslichkeit bekleiden."[247]

Wann und wie das geschieht bleibt uns zeitlebens verborgen. „Den Zeitpunkt der Vollendung der Erde und der Menschheit kennen wir nicht und auch die Weise wissen wir nicht, wie das Universum umgestaltet werden soll."[248] Gleichwohl sagt das Konzil dem biblischen Zeugnis gemäß, dass das endgültige Neuwerden schon begonnen hat. „Das Ende der Zeiten ist also bereits zu uns gekommen (vgl. 1 Kor 10,11), und die Erneuerung der Welt ist unwiderruflich schon begründet und wird in dieser Weltzeit in gewisser Weise wirklich vorausgenommen."[249]

Im irdischen Leben soll unser Herz weit werden für die uns zugedachte Herrlichkeit. Um sie uns näher zu bringen stellt uns die Bibel verschiedene *Bilder* vor Augen, die auch vom Konzil aufgenommen werden. Um deren Größe und Grenze

246 GS n. 39,1.
247 Ebd.
248 Ebd.
249 LG n. 48,3.

realistisch zu erfassen ist zu bedenken: „Die eschatologischen Bilder der Heiligen Schrift wollen keine Definitionen sein, sondern in Zeichen, Symbolen und Chiffren wird hier auf das für den Menschen Unbegreifbare verwiesen, nicht um es letztlich zu erklären bzw. zu definieren, sondern um die Wirklichkeit offenzuhalten für das, was jenseits der menschlichen Vorstellungskräfte auf die Menschen zukommt. Das also, was jede Aussagbarkeit sprengt, soll in diesen Bildern aufscheinen und Hoffnung auf die unbegreifliche Zukunft Gottes entfachen."[250] Sie gehören allesamt zu dem Dialog, den Gott mit den Menschen führen will. Sie sind daher als Elemente dieses Dialogs zu sehen und nicht als Lehrsätze eines theoretischen Werkes. „Die eschatologischen Bilder der Heiligen Schrift sind nicht sachlich, sondern personal zu verstehen. Da sie dem Glauben an den personalen Gott entspringen, müssen sie selber personal interpretiert werden. Das bedeutet, dass sich die christliche Hoffnung nicht auf einen bestimmten jenseitigen Zustand bezieht, sondern auf die Person Gottes selbst und die Gemeinschaft mit ihm. Gott selber ist das eigentliche Eschaton. Ihn zu besitzen bedeutet jenseitige Vollendung, ihn zu verlieren endgültige Verfehlung. Die Hoffnung des Glaubens ist also nicht ein spektakuläres Endereignis, sondern das endgültige Zugehen Gottes auf den Menschen und des Menschen auf Gott."[251]

Zu der neuen Welt, in der die Gerechtigkeit wohnt (2 Petr 3,13), gehört *die heilige Stadt.* Sie ist eine Verkörperung dessen, was Glaubende aller Zeiten erstreben, die Abraham, dem Vater des Glaubens, folgen, von dem überliefert

250 M. Bollig, Einheit in der Vielfalt, Communio als Schlüsselbegriff des christlichen Glaubens im Werk von Gisbert Greshake, Würzburg 2004, 319.

251 Ebd.

wird: „Er erwartete die Stadt mit den festen Grundmauern, die Gott selbst geplant und gebaut hat“ (Hebr 11,10), „die Stadt des lebendigen Gottes“ (Hebr 12,22). Was die Glaubenden bewusst oder unbewusst suchen, wird Johannes auf Patmos gezeigt: „Ich sah die heilige Stadt, das neue Jerusalem, von Gott her aus dem Himmel herabkommen; sie war wie eine Braut, die sich für ihren Mann geschmückt hat“ (Offb 21,2). Gottes Vorsehung schließt alle Menschen ein „bis die Erwählten vereint sein werden in der heiligen Stadt, deren Licht die Herrlichkeit Gottes sein wird, werden doch alle Völker in seinem Lichte wandeln.“[252] Das Konzil verbindet das Bild der heiligen Stadt mit der Wiederkunft Christi und dessen Wohnen inmitten der Stadt: „Wenn nämlich Christus erscheint und die Toten in Herrlichkeit auferstehen, wird der Lichtglanz Gottes die himmlische Stadt erhellen, und ihre Leuchte wird das Lamm sein (vgl. Offb 21,24).“[253] In seinem Buch „Der Herr“ schreibt Romano Guardini vom himmlischen Jerusalem: „Herrlichkeit über Herrlichkeit erfüllt die Stadt … Sie hat keinen Tempel; alles ist Tempel. Die Innerlichkeit Gottes selbst bildet den heiligen Raum, in dem alles steht. Sie bedarf weder der Sonne noch des Mondes. Der Herrlichkeitsglanz, der die Anwesenheit Gottes über der Bundeslade anzeigte, leuchtet. Alle Völker kommen zu ihr. Der Reichtum der Schöpfung wird zu ihr gebracht. Nichts Unrechtes findet den Weg in sie. Der Strom der Wasser des Lebens fließt hindurch, und der Baum des Paradieses steht, vielfältig wachsend und allgenügend, an seinen Ufern. Gottes Angesicht ist in ihr offen, und sein ewiger Name, der Ausdruck seines heiligen

252 NÄ n. 1,2.
253 LG n. 51,2.

Wesens, ist wie ein Siegel den Stirnen seiner Bewohner eingeprägt.“[254]

Von allen Seiten kommen die Völker zur heiligen Stadt, die ihre Tore für alle offenhält. In ihr finden sie zueinander. In der Gemeinschaft mit Gott kommt es zu einer neuen Gemeinschaft der Menschen. Jetzt erst wird das Menschsein unverkürzt und unverfälscht verwirklicht: indem jeder Erlöste zu Gott, dem Allernächsten und zu allen Nächsten findet, kommt er ganz zu sich selbst. Das ermutigt Ignatius von Antiochien, auf dem Weg zur Hinrichtung die römische Gemeinde zu bitten, seinem Martyrium nicht im Weg zu stehen. Er beschwört sie: „Verzeiht mir, Brüder; hindert mich nicht, das Leben zu gewinnen, wollt nicht meinen Tod, gönnt mich, da ich Gottes Eigen sein will, nicht der Welt und täuscht mich nicht mit Irdischem; lasst mich reines Licht empfangen. Wenn ich dort angelangt bin, werde ich ein Mensch sein.“[255] Näherhin wird das wahre Menschsein durch die vollendete Gemeinschaft mit dem auferstandenen Herrn verwirklicht. Auch davon weiß Ignatius. Das lässt ihn schreiben: „Für mich ist es besser, durch den Tod zu Christus Jesus zu kommen, als König zu sein über die Grenzen der Erde. Ihn suche ich, der für uns gestorben ist; ihn will ich, der unseretwegen auferstanden ist.“[256]

Ein weiteres biblisches Bild der kommenden Herrlichkeit ist das *Haus.* Paulus vergleicht unseren Leib in dieser Welt mit einem Zelt; in der Vollendung, die Gott schenkt, dürfen wir ein festes Haus beziehen: „Wenn unser irdisches Zelt abgebrochen wird, dann haben wir eine Wohnung von Gott, ein

254 R. Guardini. Der Herr. Betrachtungen über die Person und das Leben Jesu Christi, Bd. 2., Colmar [5]1947, 277.

255 Ignatius von Antiochien, Brief an die Römer 6,2.

256 A. a. O., 6,1.

nicht von Menschenhand errichtetes ewiges Haus im Himmel. Im gegenwärtigen Zustand seufzen wir und sehnen uns danach, mit dem himmlischen Haus überkleidet zu werden. So bekleidet, werden wir nicht nackt erscheinen. Solange wir nämlich in diesem Zelt leben, seufzen wir unter schwerem Druck, weil wir nicht entkleidet, sondern überkleidet werden möchten, damit so das Sterbliche vom Leben verschlungen werde." (2 Kor 5,1–4).

Das Bild vom Haus wird über den einzelnen Menschen hinaus auch für die ganze Menschheit gebraucht. Vor seiner Passion hat Jesus in der Abschiedsrede den Jüngern versichert: „Im Haus meines Vaters gibt es viele Wohnungen. Wenn es nicht so wäre, hätte ich euch dann gesagt: Ich gehe, um einen Platz für euch vorzubereiten? Wenn ich gegangen bin und einen Platz für euch vorbereitet habe, komme ich wieder und werde euch zu mir holen, damit auch ihr dort seid, wo ich bin" (Joh 14,2 f.). Die Liebe des Vaters hat seit eh und je für alle zusammen und für jeden Einzelnen gesorgt. Das Vaterhaus, in das er die Kinder seiner Liebe aufnehmen will, hat Platz für alle und zugleich Wohnungen, die zu jedem Einzelnen passen. In sie kommen wir nicht aus eigener Kraft; Jesus holt uns, er bringt uns hinein. Damit ermöglicht er eine bleibende innige Gemeinschaft. Wie er sollen wir im Haus des Vaters für immer zuhause sein. Wo er ist, sollen auch wir sein. Im hohepriesterlichen Gebet erfleht er das als Geschenk des Vaters: „Vater, ich will, dass alle, die du mir gegeben hast, dort bei mir sind, wo ich bin. Sie sollen meine Herrlichkeit sehen, die du mir gegeben hast, weil du mich schon geliebt hast vor der Erschaffung der Welt" (Joh 17,24).

Nach dem letzten Abendmahl knüpft Jesus an der Erfahrung an, die seine Jünger soeben gemacht haben; er verheißt ihnen: „Ihr sollt in meinem Reich mit mir an meinem Tisch essen und trinken" (Lk 22,30). Wiederholt hat Jesus bereits früher durch Wort und Tat auf das Mahl hingewiesen, das die Erlösten für immer vereinen soll. Angesichts des Glaubens, den er beim heidnischen Hauptmann von Kafarnaum findet, prophezeit er: „Viele werden von Osten und Westen kommen und mit Abraham, Isaak und Jakob zu Tisch sitzen“ (Mt 8,11). Auf dem Weg nach Jerusalem erneuert er diese Verheißung. „Man wird von Osten und Westen und von Norden und Süden kommen und im Reich Gottes zu Tisch sitzen“ (Lk 13,29). Zu den Überraschungen der Liebe Christi gehört, dass er nicht nur Gastgeber sein will, sondern Tischdiener. Im Gleichnis vom treuen und vom schlechten Knecht erklärt er: „Selig die Knechte, die der Herr wachend findet, wenn er kommt. Amen, ich sage euch: Er wird sich gürten, sie am Tisch Platz nehmen lassen und sie der Reihe nach bedienen“ (Lk 12,37). Jesus beschränkt sich nicht darauf, den einen oder anderen besonders Verdienten so auszuzeichnen; er will Diener aller sein; „der Reihe nach“ leistet er jedem seinen demütigen Dienst.

Gegen Ende des letzten apokalyptischen Sendschreibens finden sich Worte, die wie eine Zusammenfassung seines Wesens, seines Wollen und seines Wirkens sind. Im Anschluss an den Ruf zur Umkehr sagt der Herr: „Ich stehe vor der Tür und klopfe an. Wer meine Stimme hört und die Tür öffnet, bei dem werde ich eintreten, und wir werden Mahl halten, ich mit ihm und er mit mir“ (Offb 3,20). Eigentlich ist es Sache des Menschen, beim Herrn anzuklopfen und Einlass zu begehren. Stattdessen begibt sich der Herr in die Position des Menschen. Er wartet draußen darauf, dass seine Stimme gehört wird und dass die Menschen ihn aufnehmen. Geschieht das, dann kommt es zu dem himmlischen Mahl.

So will es der gütige Vater. So entspricht es seinem Wirken in der Menschheitsgeschichte. In seiner Offenbarung hat er sich nicht nur geäußert, er hat sich entäußert; er hat nicht nur etwas, sondern sich selbst mitgeteilt. Von diesem Wunder seiner Liebe heißt es in der Konstitution über die göttliche Offenbarung: „Gott hat in seiner Güte und Weisheit beschlossen, sich selbst zu offenbaren und das Geheimnis seines Willens kundzutun (vgl. Eph 1,9): dass die Menschen durch Christus, das fleischgewordene Wort, im Heiligen Geist Zugang zum Vater haben und teilhaftig werden der göttlichen Natur (vgl. Eph 2,18; 2 Petr 1,4). In dieser Offenbarung redet der unsichtbare Gott (vgl. Kol 1,15; 1 Tim 1,17) aus überströmender Liebe die Menschen an wie Freunde (vgl. Ex 33,11; Joh 15,14–15) und verkehrt mit ihnen (vgl Bar 3,38), um sie in seine Gemeinschaft einzuladen und aufzunehmen."[257] Und wiederum: „Durch seine Offenbarung wollte Gott sich selbst und die ewigen Entscheidungen seines Willens über das Heil der Menschen kundtun und mitteilen, ‚um Anteil zu geben am göttlichen Reichtum, der die Fassungskraft des menschlichen Geistes schlechthin übersteigt'."[258]

Das göttliche Mitteilen ist ein Mit-teilen im tiefsten Sinn des Wortes. Vater, Sohn und Geist beschenken jeden Erlösten mit ihren je eigenen Gaben und nehmen sie so in das dreieinige Leben hinein, das sich in wechselseitiger Ganzhingabe vollzieht. In unendlicher Liebe, die sich mitteilen will, spricht der ewige Vater seit eh und je sich selber ganz und gar aus. Alles, was er ist und hat, gibt er in sein Wort hinein. Dieses ist deshalb göttlich groß wie der Vater. Der göttliche Logos wird von derselben Liebe bewegt, die alles mitteilen will, und gibt so alles Empfangene dem Vater zurück. Alles Sprechen des Sohnes ist die liebevolle Antwort auf das, was der Vater sagt und gibt. Seinem „Mein Sohn bist du, heute habe ich dich gezeugt" (Ps 2,9; Hebr 1,5) entspricht das „Abba": „Mein Vater, heute habe ich alles von dir empfangen, heute gebe ich dir alles wie-

257 DV n. 2.
258 DV n. 6,1.

der." Der ewige Logos ist Wort und Antwort zugleich. Er lebt in der Herrlichkeit des allumfassenden Wortes, das alle Wahrheit, alle Liebe und alle Gnade in sich birgt, und lebt zugleich in der Herrlichkeit der Antwort, die nichts auslässt, nichts vergisst und nichts verdrängt, die ungeschmälert zurückgibt, was empfangen wurde. Dem liebenden Ja des Vaters zu seinem Sohn korrespondiert das liebende „Ja, Vater" des Sohnes.

Diese göttliche Selbstmitteilung geschieht immer und ewig in höchster personaler und sozialer Vollkommenheit, die weltenweit, ja himmelweit alle unsere Reden übersteigt. Wir brauchen Zeit, um zu Wort zu kommen. Unser Sprechen selbst ist wiederum ein zeitlicher Vorgang. Unser Wort „erklingt in der Zeit und klingt mit der Zeit dahin."[259] So erscheinen unsere Worte geradezu als ein Symbol unserer Vergänglichkeit. Die Selbstmitteilung des Vaters ist von anderer Art. Sie ist ohne Anfang und ohne Ende, sie ist ewig. Der Vater spricht sein ewiges Wort vor und nach und über aller Zeitlichkeit. Ohne Nacheinander und ohne Werden und Vergehen ist Gottes Selbstmitteilung uneingeschränkte Wirklichkeitsfülle.

Mit der Auferstehung Jesu und seiner Aufnahme in die himmlische Herrlichkeit wird menschliches Leben in das Leben der Dreieinigkeit hineingenommen. Das ist kein schnell vorübergehendes Ereignis, in dem das Feuer der göttlichen Liebe das Menschliche verzehrt. Damit hat Menschliches in seiner besten Weise für immer seinen Platz und seine Sendung im Leben und Lieben Gottes. Der Auferstandene ist nicht irgendein beliebiges Glied der Menschheitsfamilie; er ist ihr wichtigstes Mitglied, er ist gleichsam ihr Herz und ihr Haupt. Dass seine menschliche Natur fortan zum Leben Gottes gehört, ist eine neue Verwirklichungs-

259 Kuhaupt, wie Anm. 170.

form der göttlichen Herrlichkeit, in die Mensch und Kosmos einbezogen sind. Die Selbstmitteilung des menschgewordenen Sohnes, die sein ganzes Dasein umfasst, schließt nunmehr alle ein, die mit ihm in Liebe verbunden sind. Durch ihn und mit ihm und in ihm sind sie in das göttliche Leben und Lieben hineingenommen. „Unser Leben in Gott ist nicht bloß Anschauung und Vereinigung, sondern Anteilnahme am innergöttlichen Leben der allerheiligsten Dreifaltigkeit, an ihrer Heiligkeit und Glückseligkeit."[260] Eben das ist der Himmel. „Er ist nicht ein geschichtsloser Ort, ‚in den' man kommt; dass es ‚Himmel' gibt, beruht darauf, dass Jesus Christus als Gott Mensch ist, dem menschlichen Sein einen Ort im Sein Gottes selbst gegeben hat ... Der Mensch ist im Himmel dann und in dem Maß, in dem er bei Christus ist, womit er den Ort seines Seins als Mensch im Sein Gottes findet. So ist der Himmel primär eine personale Wirklichkeit, die auf immer von ihrem geschichtlichen Ursprung im österlichen Geheimnis von Tod und Auferstehung geprägt bleibt."[261] Entsprechend heißt es in der Pastoralkonstitution: „Christus ist auferstanden, hat durch seinen Tod den Tod vernichtet und uns das Leben geschenkt, auf dass wir, Söhne im Sohn, im Geist rufen: Abba Vater!"[262] Wir dürfen nicht nur wie Kinder Gottes dem Vater gegenüber handeln, wir sind berufen, seine Kinder zu sein und in innigster Gemeinschaft mit ihm zu leben. Immer wieder und immer wieder neu nimmt der Erlöste teil „an der restlosen Schenkung des himmlischen Vaters an seinen wesensgleichen Sohn und der ewigen Schenkung

260 M. J. Ritz, Unser Heil, hg. v. P.-W. Scheele, Würzburg 1990,60.
261 J. Ratzinger, Eschatologie – Tod und ewiges Leben, Regensburg [3]1978,190.
262 GS n. 22,6.

und Hingabe des Sohnes an den Vater."[263] In diesem Geben, Wiedergeben und Weitergeben sind die Heiligen des Himmels im Höchstmaß empfangend und zugleich aktiv. Alles, was ihnen zuteil wird, ist Gabe und Aufgabe. Auch darin zeigt sie ihre Gottverbundenheit. In der uneingeschränkten fortwährenden Betätigung all ihrer Kräfte und Fähigkeiten handeln die Heiligen nach dem Bild und Gleichnis Gottes und in innigster Vereinigung mit ihm, der ganz und gar Tat ist, der „seine Tätigkeit selbst" ist[264] Die Seligen dürfen „in der Vereinigung mit den drei göttlichen Personen mit dem Sohn Gottes den himmlischen Vater lieben und mit dem Vater den Sohn in der Liebe des Heiligen Geistes. Sie sind also eins mit Gott in der Liebe und verherrlichen Gott durch Gott und Gott liebt und verherrlicht sich durch seine Geschöpfe."[265] Sie „schenken sich mit dem Sohn dem Vater und mit dem Vater dem Sohn in derselben göttlichen Liebe von Vater und Sohn, also im Heiligen Geiste."[266]

Die Erlösten nehmen teil am göttlichen Leben, Erkennen und Lieben Gottes. So erfahren sie, dass Gott das *Urverlangen des Menschen* erfüllt. Jedermann braucht und sucht Licht, Leben und Liebe. Er braucht Licht: Klarheit und Wahrheit, Einsicht und Aussicht in allen Dunkelheiten des Lebens. Er sucht das Leben: reiches und volles, frohes und freies, ungebrochenes und fruchtbares Leben. Der Mensch sehnt sich nach Liebe, er möchte ohne Maß und endlos lieben, er möchte ohne Maß und Ende geliebt werden. Das Konzil verkündet die Frohbotschaft: Gott ist die Antwort „auf das tiefste Sehnen des

263 M. J. Ritz, Unser Weg, hg. v. P.-W. Scheele, Würzburg 1989,69.
264 M. J. Scheeben, Die Mysterien des Christentums, Freiburg ^{2}1951,27.
265 Ritz, wie Anm. 263,48.
266 Ebd.

menschlichen Herzens, das an den Gaben der Erde nie voll sich sättigen kann."[267]

Wer Jesus glaubt und ihm folgt, „wird nicht in der Finsternis untergehen, sondern das Licht des Lebens haben" (Joh 8,12). Das gilt für das Leben vor und hinter der Todesgrenze. Zuversichtlich hat der Psalmist gebetet: „Ich aber bin gewiss, zu schauen die Güte des Herrn im Lande der Lebenden" (Ps 27,13). Die Erlösten dürfen nicht nur die Güte des Herrn schauen, sondern den Gütigen selber. Er erfüllt, was Jesus in der Seligpreisung verheißen hat: „Selig, die rein sind im Herzen, denn sie werden Gott schauen" (Mt 5,8). Am Ende seines Hohenliedes der Liebe lässt Paulus die Korinther wissen: „Jetzt schauen wir in einen Spiegel und sehen nur rätselhafte Umrisse, dann aber schauen wir von Angesicht zu Angesicht. Jetzt ist mein Erkennen Stückwerk, dann aber werde ich durch und durch erkennen, so wie ich auch durch und durch erkannt worden bin" (1 Kor 13,12). Das höchste Gut wird auf die höchste Weise erkannt. In persönlicher Begegnung geschieht, was der Psalmist besungen hat: „In deinem Licht schauen wir das Licht" (Ps 36,10).

Das Vatikanum II hat sich eine Aussage des Konzils von Florenz zu Eigen gemacht. Dieses hat 1439 in der Unionsbulle mit den Griechen „Laetentur caeli" gelehrt, dass jene, die in den Himmel aufgenommen sind, „den dreifaltigen und einen Gott selbst in Klarheit, so wie er ist, aufgrund der Verschiedenheit der Verdienste, jedoch der eine vollkommener als der andere"[268] schauen. Die Kirchenkonstitution sagt von den Heiligen des Himmels: „Sie sind verherrlicht und schauen ‚klar den dreieinen Gott selbst, wie er ist'."[269]

267 GS n. 41,1.
268 DH 1305.
269 LG n. 49,1.

Gott zu schauen ist „des Menschen letztes Glück und Glückseligkeit."[270] Den Grund dafür sieht Thomas von Aquin in der Erschaffung des Menschen; er erklärt: „Weil die Seele unmittelbar von Gott gemacht ist, so wird sie nicht glückselig sein können, wenn sie nicht unmittelbar Gott schaut."[271] Das Geschenk der Gottesschau, das der vom Herrn verwandelte Mensch empfängt, verwandelt ihn aufs neue. Eindrucksvoll hat Herman Schell darauf hingewiesen. Er schreibt in seiner Dogmatik: „Indem das Licht der Gottheit mit der ungehemmten Kraft der ewigen Wahrheit in die Seele eindringt, ist diese naturnotwendig in allen ihren Kräften bis ins Innerste hinein ergriffen, befreit und gehoben: die Schwerkraft, welche der Existenz in der Gottesferne anhaftet, ist durch die innere Verklärung umgewandelt in die selige Notwendigkeit, immer tiefer und tiefer in die Lichtwelten dessen einzudringen, der als der Allein-Gute empfunden wird. Wer den Berg der Verklärung erklommen hat, dem Menschensohne folgend, haftet nicht mehr an der Scholle, um dort droben stehenzubleiben in ewigem Stillstand, sondern hat die innere Verklärung des Geistes durch das einstrahlende Licht der Gottheit erfahren, um sich in ewiger Himmelfahrt von Gott gehoben in Gott zu Gott zu erheben, ohne jemals für das Wachstum des heiligen Könnens und des seligen Wollens an eine Grenze zu stoßen."[272] Damit diese Erkenntnis verwirklicht wird, muss es zu einem neuen Sein des Menschen kommen. Gott schenkt es. Wir dürfen wissen, „dass wir ihm ähnliche sein werden, wenn er offenbar wird, denn dann werden wir ihn

270 Thomas von Aquin, Kommentar zum Sentenzenbuch des Petrus Lombardus, 2 d. 4,1,1.

271 Ders., Quaestiones quodlibetales 10,17.

272 Schell, wie Anm. 241,653.

sehen, wie er ist“ (1 Joh 3,2). Der 1566 im Auftrag des Konzils von Trient herausgegebene Catechismus Romanus wagt die Aussage, um Gott zu schauen, wie er in seiner Natur und Wesenheit ist, müssten die Menschen „gleichsam Götter werden“, denn die ihn schauen „nehmen, obgleich sie ihr eigenes Wesen behalten, dennoch eine gewiss wunderbare und fast göttliche Daseinsweise an, so dass sie viel mehr Götter als Menschen zu sein scheinen.“[273] „Durch dieses größte und herrlichste aller Geschenke der göttlichen Wesenheit teilhaft gemacht, erlangen sie die wahre und andauernde Seligkeit.“[274]

Im neuen Jerusalem, der heiligen Stadt, deren Leuchte das Lamm ist, geht vom Thron Gottes und des Lammes ein Strom, das Wasser des Lebens, aus (Offb 22,1). Er lässt es allenthalben wachsen und reifen. Das zeigt der Baum des Lebens an, der zwischen den Straßen der Stadt und dem Strom, der vom Thron Gottes ausgeht, steht. „Zwölf Mal trägt er Früchte, jeden Monat gibt er seine Frucht; und die Blätter des Baumes dienen zur Heilung der Völker“ (Offb 22,2). Mit dem Bild der Stadt verbindet sich das des Paradieses. „In der Herabkunft des neuen Jerusalems wird der Erde das verlorene Paradies in vollendeter Gestalt wiedergeschenkt. Die heilsgeschichtliche Sicht ist zur schöpfungsgeschichtlichen erweitert. Mit dem Paradies begann das erste Buch der Bibel und machte mit ihm den Anfang der Geschichte Gottes mit der Menschheit; mit dem Paradies schließt ihr letztes Buch und lässt so diese Geschichte ausmünden in einem neuen glücklichen Anfang, dem kein Ende mehr gesetzt ist; Endzeit und Anfangszeit entsprechen einander. Die Stadt Gottes, bisher hauptsächlich gekennzeichnet als Stadt des ewigen Lichtes, wird nun mit

273 Catechismus Romanus, Rom 1566, I, cap. XIII, q.7.
274 A.a.O., I, cap. XIII, q.9.

Hilfe der Paradiesvorstellung zugleich als Stadt des ewigen Lebens geschildert."[275]

Bereits der Anfang der Apokalypse steht im Zeichen des Lebens. Der Auferstandene erscheint inmitten seiner Gemeinden als der Herr des Lebens. Als der Seher vor ihm wie tot zu Boden sinkt, legt er ihm die Hand auf und sagt: „Fürchte dich nicht! Ich bin der Erste und der Letzte und der Lebendige. Ich war tot, doch siehe, ich lebe in alle Ewigkeit, und ich habe die Schlüssel zum Tod und zur Unterwelt" (Offb 1,17 f.). Sein Sterben hat sein Wirken nicht beendet; machtvoll ist er aus ihm hervorgegangen. Er beherrscht selbst die Unterwelt und damit den Tod. Er lebt in alle Ewigkeit. In den Briefen an die sieben Gemeinden und damit an die ganze Kirche kommt auf verschiedene Weise zum Ausdruck, wie der Herr den Erlösten Anteil an seinem Leben schenkt. Der Gemeinde von Ephesus verspricht er: „Wer siegt, dem werde ich zu essen geben vom Baum des Lebens, der im Paradies meines Gottes steht" (Offb 2,7). Was die Stammeltern sündhaft begehrten und nicht bekommen konnten, wird den Erlösten für immer geschenkt. Ein Paradies steht ihnen offen, in dem sie immerzu leben dürfen. Der Gemeinde von Smyrna macht der Herr Mut angesichts der Bedrängnis und Armut, unter der sie zu leiden hat. Er verspricht ihr den „Kranz des Lebens" (Offb 2,10). Das konnte die Gemeinde besonders ansprechen, war doch der Siegeskranz bei den Wettkämpfen von Smyrna eine hochgeschätzte Auszeichnung. Dass die Gefährdung der Gemeinde selbst den Tod mit sich bringen konnte, signalisiert die Verheißung, dass dem Sieger „der zweite Tod nichts anhaben" kann (Offb 2,16).

275 E. Schick, Die Apokalypse, Düsseldorf 1971, 236 f.

Gott hat den Menschen „gnadenweise gerufen, Gemeinschaft zu haben mit ihm in Leben und Herrlichkeit."[276] Das ewige Leben wird auf die persönlichste Weise vermittelt und empfangen. Das beginnt bereits im irdischen Wirken Jesu. Im Johannesevangelium begegnen uns fünfzehnmal die Worte „ewiges Leben". Schon in den ersten Sätzen heißt es vom fleischgewordenen Wort: „In ihm war das Leben, und das Leben war das Licht der Menschen" (Joh 1,4). Dieses Leben gehört wesentlich zur „Herrlichkeit des einzigen Sohnes vom Vater, voll Gnade und Wahrheit" (Joh 1,14). Im Anschluss an die Heilung eines Gelähmten an einem Fest in Jerusalem sagt Jesus von diesem Geheimnis: „Wie der Vater das Leben in sich hat, so hat er auch dem Sohn gegeben, das Leben in sich zu haben" (Joh 5,26). In der Rede über das Himmelsbrot in der Synagoge von Kafarnaum erklärt er: „Ich bin das lebendige Brot, das vom Himmel herabgekommen ist. Wer von diesem Brot isst, wird in Ewigkeit leben" (Joh 6,51). Er, der Anteil am ewigen Leben des Vaters empfangen hat, will denen, die an ihn glauben, seinerseitsAnteil an diesem Leben geben. „Ich lebe und auch ihr werdet leben" (Joh 14,19). Damit erfüllt er den Willen des Vaters: „Wie mich der lebendige Vater gesandt hat und wie ich durch den Vater lebe, so wird jeder, der mich isst, durch mich leben … Wer dieses Brot isst, wird leben in Ewigkeit" (Joh 6,57 f.). Weil er vom Vater Leben in Fülle empfangen hat, kann und will er Leben in Fülle schenken: „Ich bin gekommen, damit sie das Leben haben und es in Fülle haben" (Joh 10,10).

Für alle Erlösten ist die Todesgrenze überwunden. Früher oder später empfangen sie alle das ewige Leben. Dieses ist mehr als eine verbesserte Weise des irdischen Lebens. Es ist etwas ganz Neues. Es ist nicht die von Adam ererbte Existenz-

276 AG n. 2,2.

weise, es ist Christusleben. „Adam, der erste Mensch, wurde ein irdisches Lebewesen. Der Letzte Adam wurde lebendigmachender Geist" (1 Kor 15,45). „Der erste Mensch stammt von der Erde und ist Erde; der Zweite Mensch stammt vom Himmel. Wie der von der Erde irdisch war, so sind es auch seine Nachfahren. Und wie der vom Himmel himmlisch ist, so sind es auch seine Nachfahren. Wie wir nach dem Bild des Irdischen gestaltet wurden, so werden wir auch nach dem Bild des Himmlischen gestaltet werden" (1 Kor 15,47–49). Das geschieht nach dem Willen des Vaters in der Kraft des Heiligen Geistes: „Wir alle werden in sein eigenes Bild verwandelt, von Herrlichkeit zu Herrlichkeit, durch den Geist des Herrn" (2 Kor 3,18).

„Das Leben Gottes ist flutendes Leben, ist strömende Liebe, ist höchstes, göttliches Wirken, ist Gott selbst, ist reiner, lebendigster und Leben spendender Akt."[277] Das ewige Leben „ist das innergöttliche Leben der allerheiligsten Dreifaltigkeit, ist die Beziehung vom Vater zum Sohn und die Beziehung von beiden zum Heiligen Geist. Gott Vater als Urquell allen Seins, alles Lebens, aller Kraft und alles Wirkens teilt jeden Augenblick erneut seinem göttlichen Sohn sein eigenes Leben mit durch seine göttliche Wesenheit. Gott Sohn empfängt jeden Augenblick erneut sein göttliches Leben und Sein vom Vater und liebt seinen Vater und der Vater liebt den Sohn in der wesensgleichen persönlichen Liebe des Heiligen Geistes. In dieses innergöttliche Leben der allerheiligsten Dreifaltigkeit geht die Seele ein, sobald sie in der Ewigkeit das ungeschaffene Licht der Glorie umfängt."[278] So wird dem Menschen das Verlangen nach Leben im Übermaß erfüllt. Dabei kann er

277 Ritz, wie Anm. 37, 216.

278 Dieselbe, Unser Gebet, hg. v. P.-W. Scheele, Würzburg 1986, 31.

erfahren, dass dies ein Geschenk der unendlichen *Liebe* Gottes ist.

„‚Gott ist die Liebe und wer in der Liebe bleibt, bleibt in Gott, und Gott bleibt in ihm' (Joh 4,16). In diesen Worten aus dem Ersten Johannesbrief ist die Mitte des christlichen Glaubens, das christliche Gottesbild und auch das daraus folgende Bild des Menschen und seines Weges in einzigartiger Klarheit ausgesprochen."[279] Das sind die ersten Worte der ersten Enzyklika Benedikts XVI. Mit dem Weg des Menschen ist auch dessen Ziel angegeben: das Bleiben in der Liebe. Von Anfang an ist es von Gott vorgegeben. In seiner unendlichen Liebe will er andere Wesen an dieser Liebe teilhaben lassen. Deshalb erschafft er das Universum und in ihm freie Wesen, die für das Geschenk der Liebe empfänglich sein können. So sind die Menschen das Werk seiner Liebe. Sie sind berufen, von seiner Liebe und in ihr zu leben. Sie sollen nicht nur Gaben seiner Liebe erhalten, sie sollen in sein Lieben hineingenommen werden, und das für immer. Die Liebe Gottes ist keine vorübergehende Zuwendung, sie will ein Vereintsein, das kein Ende kennt. Seine Liebe bleibt, und so bleibt Gott in dem, den er liebt. Gott geht es um jeden Erlösten, er ist für alle da. Dem Knecht, der in seinem Sinn handelt, verspricht er sein ganzes Vermögen (Lk 12,44). Er teilt mit ihm, was er hat. In seinem hohepriesterlichen Gebet geht Jesus noch weiter. Er erbittet den Seinen die Vollendung der Einheit. Er will ihnen Anteil an der Herrlichkeit geben, die er vom Vater erhalten hat, „damit sie eins sind, wie wir eins sind, ich in ihnen und du in mir" (Joh 17,22 f.). Er beschließt sein Sterbegebet mit den Worten: „Ich habe ihnen deinen Namen kundgetan

279 Benedikt XVI., Enzyklika „Deus Caritas est" über die christliche Liebe, Rom 2005, n. 1.

und werde ihn kundtun, damit die Liebe, mit der du mich geliebt hast, in ihnen ist und ich in ihnen bin (Joh 17,26).

In dieser Liebe werden *alle eins*. In Gottes Liebe hineingenommen, die alle liebt, schenken sie allen ihre Liebe. In einer grenzenlosen Liebe verbunden, leben sie miteinander und füreinander. Jeder gibt, jeder empfängt. Der ganze Himmel „lebt und liebt aus jedem Herzen heraus."[280] Der Geist der Liebe drängt dazu, „alle zu Mitgenossen der eigenen Seligkeit und Erkenntnis zu machen."[281] Entsprechend lehrt Thomas von Aquin: „Die Gemeinschaft mit allen Seligen ... ist höchst beglückend, weil jeder alle Güter mit allen Seligen gemeinsam hat. Jeder wird den anderen so lieben wie sich selbst und deswegen wird er sich über das Gut des anderen ebenso freuen wie über sein eigenes. Dadurch wird die Freude und das Entzücken jedes einzelnen in dem Maße vertieft, als sie die Freude aller ist."[282] Mit Roger Troisfontaines können wir sagen: „Jeder ist alles in allen."[283] In der gottgeschenkten Gemeinschaft der Heiligen wird es „kein egoistisches ‚Mein' oder ‚Dein' geben, alles wird ‚unser' sein. Nichts mehr wird unsere Liebe hindern, allumfassend und innigst vertraut zu sein."[284] Franz von Sales betont, dass jeder Erlöste in aller Verbundenheit mit allen anderen auf seine ganz persönliche Weise lebt und liebt. In seinem „Theotimus" schreibt er: „So wie jeder Stern vom anderen im Glanz verschieden ist (1 Kor 15,41), so wird jeder Heilige nach der Auferstehung sich vom anderen unterscheiden. Jeder wird sein eigenes Lied der Glorie sin-

280 Schell, wie Anm. 241, 751.

281 Ders., Gott und Geist, Bd. II, Paderborn 1896,660.

282 Thomas von Aquin, Exposition Symboli Apostolicum, in: ders. Lehre des Heils, hg. v. E. Stakemeier, Salzburg 1939, 497f.

283 R. Troisfontaines, Ich werde leben. Was erwartet uns nach dem Tode?, Luzern u. München 1966, 239.

284 A.a.O., 243.

gen und ‚einen Namen erhalten, den niemand kennt außer jenem, der ihn empfangen hat' (Offb 2,17)."[285] Der tiefere Grund für die in aller Gemeinsamkeit bleibende Personalität ist die Konkretgestalt der göttlichen Liebe. Gott wird im Himmel „sich uns ganz und nicht nur teilweise schenken, weil er ein Ganzes ist, das keine Teile hat. Und doch wird er sich uns in verschiedenerlei Weise schenken und zwar in ebenso vielfältiger Art, als es Selige geben wird."[286] Der bleibenden Personalität entspricht ein personales Verhältnis zu den göttlichen Personen. Vater, Sohn und Geist beschenken jeden Erlösten mit ihren je eigenen Gaben und nehmen ihn so in das dreieinige Leben hinein. Dieses vollzieht sich in wechselseitiger Selbstmitteilung Gottes. So liebt die Liebe. Alle Menschen sind berufen, in ihr zu bleiben, alle Seligen bleiben in ihr.

Auf diese Weise nehmen sie teil an der *Verherrlichung* Gottes. Deren Bedeutung wird in der Offenbarung des Johannes mehrfach vor Augen geführt. Typisch dafür ist die einleitende Himmelsvision. Vierundzwanzig Älteste und vier Lebewesen sind um den Thron des Allerhöchsten versammelt. Das Einzige, was von ihnen berichtet wird, ist die Verherrlichung Gottes. Die vier Lebewesen „ruhen nicht bei Tag und Nacht und rufen: Heilig, heilig, heilig ist der Herr, der Gott, der Herrscher über die ganze Schöpfung; er war, und er ist, und er kommt" (Offb 4,8). Die vierundzwanzig Ältesten werfen sich vor dem, der auf den Thron sitzt, nieder und sprechen: „Würdig bist du, Herr, unser Gott, Herrlichkeit zu empfangen, Ehre und Macht" (Offb 4,11). Bald darauf ist das ganze Universum in die Verherrlichung einbezogen: „Und alle

285 Franz von Sales, Abhandlung über die Gottesliebe, Theotimus, Zweiter Teil, Eichstätt u. Wien 1960, X , 8; 5.183.

286 A. a. O., X, 2; S. 172.

Geschöpfe im Himmel und auf der Erde, unter der Erde und auf dem Meer, alles was darin ist, hörte ich sprechen: Ihm, der auf dem Thron sitzt, und dem Lamm, gebühren Lob und Ehre und Herrlichkeit und Kraft in alle Ewigkeit" (Offb 5,13). Die Verherrlichung ist „die höchste Bestimmung des menschlichen Geschlechtes", sie „fordert eine gemeinsame Erfüllung."[287] Diese vollzieht sich kraft der göttlichen Gnade in alle Ewigkeit.

Die Verherrlichung Gottes ist immer auch die Seligkeit seiner Geschöpfe. Gott bewirkt „zugleich seine Herrlichkeit und unsere Seligkeit."[288] Die Heiligen können das im Himmel beglückend erfahren. Sie „dürfen dort Anteil nehmen an der Glückseligkeit der allerheiligsten Dreifaltigkeit, d.i. an der Verherrlichung, welche die drei göttlichen Personen sich selbst erweisen durch die Erkenntnis des Vaters und die gegenseitige Liebe von Vater und Sohn im Heiligen Geist."[289] Engel und Heilige nehmen „teil an der Glückseligkeit der allerheiligsten Dreifaltigkeit, denn die Beseligung der Engel und Heiligen besteht nicht bloß in der Erkenntnis Gottes mittels des Glorienlichtes, sondern und noch viel mehr im Besitze der allerheiligsten Dreifaltigkeit, dass nämlich Gott Vater und Gott Sohn in ihnen und durch sie wirken und lieben im Heiligen Geist."[290] So ist „alles in Gott und Gott in allen."[291]

Der Kirche ist aufgetragen, dieses „Geheimnis Gottes, des letzten Zieles der Menschen, offenkundig zu machen."[292] Das Vatikanum II hat das auf seine Weise getan. In der Fülle der

287 H. Schell, Das Wirken des dreieinigen Gottes, Mainz 1985, 589.

288 AG n. 2,2.

289 M. J. Ritz, Unser Heil, hg. v. P.-W. Scheele, Würzburg 1990, 112.

290 Ritz, wie Anm. 263, 48f.

291 Schwester Maria Julitta, Ihr geistliches Vermächtnis, hg. v. A. M. Back, Volkach ^{3}1970,79.

292 GS n. 41,1.

Themen, die von ihm aufgegriffen wurden, ist es gleichzeitig auf die Frage „Was ist der Mensch?“ eingegangen und hat so einen bedenkenswerten Beitrag dazu geleistet, dem Menschen „das Verständnis seiner eigenen Existenz, das heißt die letzte Wahrheit über den Menschen“ zu erschließen.[293]

3. Wer bin ich?

Die alle betreffende Frage „Was ist der Mensch?“ gewinnt an Dringlichkeit, wenn ein Einzelner im Hinblick auf sein Leben fragt: „Wer bin ich?“ Dann geht es um nicht weniger als um sein Geschick, um das, was er befürchten muss oder hoffen darf, um das, was er zu tun oder zu lassen hat. Die Antworten, die er findet, fordern seine Entscheidungen heraus, diese wiederum wirken sich auf seine ganze Existenz aus, sie bestimmen sein Leben. Diesem Erkenntnis- und Entscheidungsprozess gilt abschließend unsere Aufmerksamkeit. Der objektiven Darstellung, die man distanziert zur Kenntnis nehmen kann, folgen Impulse, die zur engagierten Stellungnahme Anlass geben. Das geschieht in der Hoffnung, in einer Zeit, in der das Menschenbild weithin entstellt und die Menschenwürde gefährlich attackiert wird, die Vielgestalt des Menschseins bewusst zu machen und die fälligen Schritte zu unterstützen.

3.1. Die erste Antwort auf die Frage „Wer bin ich?“ lautet: „Du bist ein *Geschöpf Gottes,* der die Liebe ist. Wie jedermann sollst du wissen: Liebe bestimmt mein Leben. Liebe steht am Anfang meines Daseins. In Liebe bin ich erdacht und gewollt, in Liebe bin ich erschaffen. Zum Lieben bin ich in dieser Welt.

293 Ebd.

‚Nicht mitzuhassen, mitzulieben bin ich da.‘[294] In Liebe ruft Gott mich zu sich. In Liebe will er vollenden, was er mit mir und in mir begonnen hat.“ Der geniale Laientheologe und Missionar Ramon Lull hat in seinem „Buch vom Liebenden und Geliebten“ diese grundlegende Gegebenheit beredt zum Ausdruck gebracht. Er schreibt: „Man fragte den Liebenden, woher er wäre. Er antwortete: Von der Liebe. – Wem gehörst du? – Der Liebe. – Wer hat dich erzeugt? – Die Liebe. – Wo wurdest du geboren? – In Liebe. – Wer hat dich ernährt? – Liebe. – Von was lebst du? – Von Liebe. – Was ist dein Name? – Liebe. – Woher kommst du? – Von der Liebe. – Wohin gehst du? – Zu der Liebe. – Wo bist du? – In der Liebe.“[295] Dankbar sagt der Liebende seinem Geliebten: „Du bist alles, durch alles, in allem und mit allem. Du willst alles, damit alles eins ist.“[296]

Wie die ganze Schöpfung hat Gott in Liebe auch den Menschen aus *Nichts* geschaffen. Das bedeutet: Alles im Menschen ist Gott zu verdanken. Jedermann kann sagen: „Mein ganzes Sein geht auf Gott zurück. Ich bin ganz und gar, im Ganzen und in jedem einzelnen Element von Gott erdacht und gewollt, von Gott geschaffen und von Gott bleibend abhängig. Deshalb habe ich immerzu mit Gott und mit dem Nichts zu tun.“ Weil Gottes Liebe den aus Nichts geschaffenen Menschen umfängt, darf ich wissen: „Ich bin ein Nichts in Gottes Hand.“ Diese Gegebenheit liegt letztlich der Aussage zugrunde, mit der Werner Bergengruen seine persönliche Situation gekennzeichnet hat. In seinem „Dichtergehäuse“ schreibt er: „Ich weiß, dass ich der immer gefährdete und immer behütete

294 Sophokles, Antigone 521.
295 R. Lull, Das Buch vom Liebenden und Geliebten, hg. v. L. Klaiber, Olten 1948, n. 97; S. 69f.
296 A. a. O., n. 68; S. 61.

Mensch bin."[297] Der Glaubende weiß sich in Gottes guten Händen geborgen. Das lässt ihn die Welt mit neuen Augen sehen. Er darf sich die Verse des Wandsbecker Boten zu Eigen machen, deren Überschrift lautet: „Täglich zu singen":

„Ich danke Gott, und freue mich
Wie's Kind zur Weihnachtsgabe,
Dass ich bin, bin! Und dass ich dich,
Schön menschlich Antlitz! habe;

Dass ich die Sonne, Berg und Meer,
Und Laub und Gras kann sehen,
Und abends unterm Sternenheer
Und lieben Monde gehen.

Und dass mir denn zumute ist,
Als wenn wir Kinder kamen,
Und sahen, was der heil'ge Christ
Bescheret hatte, Amen!"[298]

Der Dichter weiß davon, dass die Liebe Gottes ihm ganz persönlich gilt, und dass sie zugleich den Mitgeschöpfen geschenkt wird, vom Gras über Berge und Meer bis hin zu Sonne, Mond und Sternen. All das bewegt ihn zum Dank und vermittelt ihm Freude. Die Erinnerung an das weihnachtliche Glück des Kindes ist zugleich ein Hinweis darauf, dass das Geschöpfsein durch den Heiligen Geist ein auf Christus Ausgerichtetsein und mit ihm Verbundensein bedeutet, ist doch alles „durch ihn und auf ihn hin erschaffen" (Kol 1,16).

297 W. Bergengruen, Dichtergehäuse, Zürich 1966, 351.
298 M. Claudius, Werke des Wandsbecker Boten, Bd. 1, hg. v. G. Albrecht, Schwerin 1958, 116.

3.2. Um so schlimmer ist, dass wir uns immer wieder gegen die Liebe entscheiden. Wir versündigen uns so sehr Gott und dem Nächsten gegenüber, dass dies unser gesamtes Dasein prägt. Wir begehen nicht nur die eine oder andere Sünde, wir sind Sünder. „Es gibt keinen, der gerecht ist, auch nicht einen" (Röm 3,10). „Wenn wir sagen, dass wir keine Sünde haben, führen wir uns selbst in die Irre, und die Wahrheit ist nicht in uns" (1 Joh 1,8). Auf die Frage „Wer bin ich?" muss jeder Mensch antworten: „Ich bin *ein Sünder*." Wie sehr das zutrifft zeigt sich nicht zuletzt darin, dass wir uns mit dieser Aussage schwer tun. Wir räumen wohl den einen oder anderen Fehler ein, wehren uns aber dagegen, allen Ernstes Sünder zu sein. So entspricht es der heutigen Mentalität. In unserer Zeit, in der entsetzliche Verbrechen geschehen, verbreitet sich zugleich wie eine ansteckende Krankheit eine Verharmlosung der Sünde. Das Konzil ist diesem Trend nicht gefolgt. Es macht sich die provozierenden Worte des Völkerapostels zu Eigen: „Alle haben gesündigt und ermangeln der Herrlichkeit Gottes" (Röm 3,23).[299] Das gilt für die ganze Menschheit. „Obwohl in Gerechtigkeit von Gott begründet, hat der Mensch unter dem Einfluss des Bösen gleich von Anfang der Geschichte an durch Auflehnung gegen Gott und den Willen, sein Ziel außerhalb Gottes zu erreichen, seine Freiheit missbraucht."[300] Die Folgen sind nicht ausgeblieben. Die Sünde wirkt sich auf das ganze Menschsein aus. Sie „mindert den Menschen selbst, weil sie ihn hindert, seine Erfüllung zu erlangen."[301] Verstand und Wille werden in Mitleidenschaft gezogen. Selbst das Gewissen wird beeinträchtigt: Es kann „durch Gewöhnung an die

299 AG n. 8.
300 GS n. 13,1.
301 GS n. 13,2.

Sünde allmählich fast blind" werden[302]. Im Anschluss an den heiligen Paulus weist das Konzil darauf hin, dass der schwache Mensch und Sünder oft das tut, „was er nicht will, und was er tun wollte, tut er nicht."[303]

Von der zerstörerischen Sündhaftigkeit kann der Mensch sich mit Hilfe seiner eigenen Fähigkeiten nicht befreien. „Niemand wird durch sich selbst und aus eigener Kraft von der Sünde erlöst und über sich hinausgehoben, niemand vollends von seiner Schwachheit, Einsamkeit oder Knechtschaft frei gemacht."[304] Das kann allein der Herr. Er will es, er tut es. Auch wenn die Erlösung allen geschenkt wird ist sie eine persönliche Gabe Gottes an jeden einzelnen Menschen. Nach dem Sündenfall verließ er die Menschen nicht, „sondern gewährte ihnen jederzeit Hilfen zum Heil."[305] „Er hat die göttliche Güte freigebig ausgegossen und gießt sie immerfort aus."[306] Für alle und jeden ist der Herr Mensch geworden, „er, der Sohn Gottes hat sich in seiner Menschwerdung gewissermaßen mit jedem Menschen vereinigt."[307] Er ist „in Wahrheit einer aus uns geworden, in allem uns gleich außer der Sünde."[308] Für alle und für jeden ist er in den Tod gegangen. „Als unschuldiges Opferlamm hat er freiwillig sein Blut vergossen und uns Leben erworben. In ihm hat Gott uns mit sich und untereinander versöhnt und der Knechtschaft des Teufels und der Sünde entrissen. So kann jeder von uns mit dem Apostel sagen: Der Sohn Gottes ‚hat mich geliebt und sich selbst für

302 GS n. 16.
303 GS n. 10,1.
304 AG n. 8.
305 LG n. 2.
306 AG n. 2,2.
307 GS n. 22,2.
308 Ebd.

mich dahingegeben' (Gal 2,20)."[309] Er hat allen Anteil an seinem Geist geschenkt. „Durch diesen Geist, der das ‚Unterpfand der Erbschaft' (Eph 1,14) ist, wird der ganze Mensch innerlich erneuert bis zur ‚Erlösung des Leibes' (Röm 8,23).[310] So ist der Mensch ein begnadeter Sünder. Mit Paulus kann er sagen: „Durch Gottes Gnade bin ich, was ich bin" (1 Kor 15,10).

3.3. Mit dem Völkerapostel lehrt das Konzil, dass der ewige Vater beschlossen hat, „die Menschen zur Teilhabe an dem göttlichen Leben zu erheben … Alle Erwählten aber hat der Vater vor aller Zeit ‚vorhergekannt und vorherbestimmt, gleichförmig zu werden dem Bild seines Sohnes, auf dass dieser der Erstgeborene sei unter vielen Brüdern' (Röm 8,29)."[311] Die Kirchenkonstitution fügt hinzu, dass der Vater „uns in ihm (seinem Sohn) vor der Grundlegung der Welt erwählt und zur Sohnesannahme vorherbestimmt hat."[312] Heinrich Schlier leitet daraus die „Urdefinition des menschlichen Daseins" ab: Der Mensch „teilt durch Christus und in Christus die Herrlichkeit der Seinsweise des erstgeborenen Bruders."[313] Die beglückende Antwort auf die Frage: „Wer bin ich?" heißt: „Ich bin ein Bruder, ich bin eine Schwester Jesu Christi, des Menschensohnes und Gottessohnes."

Ob und wie diese jedem Menschen zugedachte Gnadengabe sich auswirkt, hängt von jedem einzelnen ab. Mit der Entscheidung Gottes für die Christusgemeinschaft muss sich die entsprechende Entscheidung des Menschen verbinden. Auch sie bringt niemand aus eigener Kraft fertig, auch sie ist ein

309 GS n. 22,3.
310 GS n. 22,4.
311 LG n. 2.
312 LG n. 3.
313 Schlier, wie Anm. 95, 272.

Geschenk Gottes, das wiederum der Annahme durch den Beschenkten bedarf. Das gilt auch für die Konsequenz, die sich für die ergibt, die Brüder oder Schwestern Christi sind: Wie er sind sie mit allen Menschen verbunden, wie er müssen sie für alle da sein. Christian Morgenstern hat das bewegend zum Ausdruck gebracht. Er hat Worte geprägt, die beim Autor der „Galgenlieder“ überraschen können:

„Allen Bruder sein!
Allen helfen, dienen!
Ist, seit ER erschienen,
Ziel allein!
Auch dem Bösewicht,
der uns widerstrebet!
Er auch ward gewebet
einst aus Licht.
‚Liebt das Böse gut!‘
lehren tiefe Seelen.
Lernt am Hasse stählen –
Liebesmut!
‚Brüder!‘ – Hört das Wort!
Dass es Wahrheit werde –
und dereinst die Erde
Gottes Ort!“[314]

Die Pastoralkonstitution stellt heraus, dass alle in diesem Sinn zu handeln haben. Sie schärft allen ein: „Der Vater will, dass wir in allen Menschen Christus als Bruder sehen und lieben in Wort und Tat und so der Wahrheit Zeugnis geben und anderen das Geheimnis der Liebe des himmlischen Vaters

[314] Chr. Morgenstern, Wir finden einen Pfad, Basel 1973, 45 f.

mitteilen."[315] In spezifischer Weise hat das Konzil die Geschwisterlichkeit aller Menschen und die sich daraus ergebende Verpflichtung mit dem Bild von der *Familie* bewusst zu machen gesucht. Es ist mehr als ein Sinnbild, es ist ein Urbild und zugleich ein Zielbild der Menschheit. „Gott, der väterlich für alle sorgt, wollte, dass alle Menschen *eine Familie* bilden und einander in brüderlicher Gesinnung begegnen. Alle sind ja geschaffen nach dem Bild Gottes, der ‚aus einem alle Völker hervorgehen ließ, die das Antlitz der Erde bewohnen' (Apg 17,26), und alle sind zu einem und demselben Ziel, d. h. zu Gott selbst, berufen."[316]

In dieser Familie ist jeder der Nächste des anderen. Jeder ist jedem verpflichtet. Jedem bindet das Konzil auf die Seele, jedem „wo immer er uns begegnet, tatkräftig zu helfen, ob es sich nun um alte, von allen verlassene Leute handelt oder um einen Fremdarbeiter, der ungerechter Geringschätzung begegnet, um einen Heimatvertriebenen oder um ein uneheliches Kind, das unverdienterweise für eine von ihm nicht begangene Sünde leidet, oder um einen Hungernden, der unser Gewissen aufrüttelt durch die Erinnerung an das Wort des Herrn: ‚Was ihr einem der Geringsten von diesen meinen Brüdern getan habt, das habt ihr mir getan' (Mt 25,40)."[317]

Selbst *Gegner und Feinde* zählen zu unseren Brüdern[318]. Jesus gibt nicht nur den Rat, sie zu lieben, er gebietet es: „Liebt eure Feinde; tut Gutes denen, die euch hassen. Segnet die, die euch verfluchen; betet für die, die euch beschimpfen. Dem, der dich auf die eine Wange schlägt, halte auch die andere hin, und dem, der dir den Mantel wegnimmt, lass auch das Hemd"

315 GS n. 93,1.
316 GS n.24,1.
317 GS n. 27,2
318 GS n. 28.

(Lk 6,27–29). Die Feindesliebe verbindet vertieft mit dem Vater und dem Sohn: „Liebt eure Feinde und betet für die, die euch verfolgen, damit ihr Kinder eures Vaters im Himmel werdet, denn er lässt seine Sonne aufgehen über Bösen und Guten, und er lässt es regnen über Gerechte und Ungerechte" (Mt 5,44 ff.).

Die Liebe sagt niemals: „Jetzt reicht es! Alles, was nötig ist, ist geschehen." Sie möchte stets für den anderen mehr tun und mehr sein. „Ich halte es für unmöglich," erklärt Teresa von Avila, „dass die Liebe sich damit begnügt, auf der Stelle zu treten."[319] Die von allen geforderte „Solidarität muss stetig wachsen, bis zu jenem Tag, an dem sie vollendet sein wird und die aus Gnade geretteten Menschen als eine von Gott und Christus, ihrem Bruder, geliebte Familie Gott vollkommen verherrlichen wird."[320]

3.4. Um diese Solidarität geht es auch bei einer weiteren Antwort des Konzils auf die Frage „Wer bin ich?". Sie lautet: „Du bist ein *Gemeinschaftswesen.* Du kannst dich nicht verstehen, wenn du die tiefe Verbundenheit mit allen andern Menschen nicht beachtest. Du kannst nicht richtig leben, wenn du dich von der großen Gemeinschaft absetzt, zu der du wesenhaft gehörst." Das ist so weil Gott es will. Mehrfach kommt das Konzil darauf zu sprechen, offensichtlich weil es ihm besonders wichtig erscheint. Gott erschafft den Menschen, „nicht zu einem Leben in der Vereinzelung, sondern zum Zusammenschluss in gesellschaftlicher Einheit."[321] Das Wort unio im offiziellen lateinischen Text zeigt an, dass es um mehr geht als eine gewisse Vereinigung; in eine tiefgehende

319 Teresa von Avila, Innere Burg VII, 4.
320 GS n 32,5.
321 GS n. 31,1.

Einheit hat Gott die Menschen hineingestellt. „Der Mensch ist nämlich aus seiner innersten Natur ein gesellschaftliches Wesen; ohne Beziehung zu den anderen kann er weder leben noch seine Anlagen zur Entfaltung bringen.“[322] Der Mensch ist mehr als jemand, zu dem unter anderem auch gesellschaftliche Beziehungen gehören, er ist ein „Wesen der Gemeinschaft.“[323] Alle Christgläubigen sollen daher „bedenken, dass der Mensch seiner Natur nach ein gesellschaftliches Wesen ist.“[324] Auf den tiefsten Grund dafür weist Gertrud von le Fort mit einem genialen Satz hin. Er findet sich gegen Ende des Romans „Der römische Brunnen“. Dort schildert die Dichterin die Lebensbeichte, die Tante Edelgart einundzwanzig Tage vor ihrem Tod ablegt. In diesem Kontext fallen die Worte: „Wir sind nichts Einzelnes, wir sind Liebe.“[325] Auf sich allein gestellt kann der Mensch nicht leben. Ohne die Hilfe anderer geht er zugrunde. Nach dem Bild und Gleichnis Gottes erschaffen ist er von Anfang an und für immer einer Gemeinschaft eingegliedert, deren Grundgesetz die Liebe ist. Zum Mitlieben mit dem dreieinen Gott berufen ist und bleibt er dieser Gemeinschaft verpflichtet. Die „wechselseitige Abhängigkeit aller von allen“[326] ist keine Zwangsjacke, sie ist eine hilfreiche Vorgabe der Liebe Gottes und zugleich ein Impuls, seinerseits mitzulieben.

Nicht zuletzt verpflichtet das den Menschen, je nach seinen Möglichkeiten *politische Verantwortung* wahrzunehmen. Zur Antwort des Konzils auf die Frage „Wer bin ich?“ gehört die Auskunft: „Du bist ein politisches Wesen. Ob du es weißt und

322 GS n. 12,4.

323 GS n. 21,3.

324 AA n. 18,1.

325 G. v. le Fort, Das Schweißtuch der Veronika, Teil I: Der römische Brunnen, München [7]1948, 323.

326 GS n. 4,4.

willst oder nicht, du bist in das politische Geschehen einbezogen. Deiner Personwürde entspricht es, wenn du nicht nur Objekt, sondern Subjekt politischen Handelns bist." Als Gemeinschaftswesen kommt keiner ohne die Hilfe von Gemeinschaften aus. Einzelinitiative ist gefordert und zugleich das Engagement in verschiedenen Gemeinschaften unterschiedlicher Größe und Art. Einzelne sind nicht imstande, „alles das zu leisten was zu einem in jeder Richtung menschlichen Leben gehört."[327] Auf verschiedenen Ebenen gibt es „die Notwendigkeit einer umfassenden Gemeinschaft, in der alle täglich ihre eigenen Kräfte zusammen zur ständig besseren Verwirklichung des Gemeinwohls einsetzen."[328] Dabei sind ethische Qualitäten unerlässlich. „Für den Aufbau eines wirklich menschenwürdigen politischen Lebens ist nichts so wichtig wie die Pflege der inneren Einstellung auf Gerechtigkeit, Wohlwollen und Dienst am Gemeinwohl sowie die Schaffung fester Grundüberzeugungen über das wahre Wesen politischer Gemeinschaft und über das Ziel, den rechten Gebrauch und die Grenzen der öffentlichen Gewalt."[329] Hier sind die Christgläubigen besonders gefordert. „Die Christen sollen in der politischen Gemeinschaft jene Berufung beachten, die ihnen ganz besonders zu Eigen ist. Sie sollen beispielgebend dafür sein, insofern sie pflichtbewusst handeln und sich für das Gemeinwohl einsetzen. Sie sollen durch ihre Tat zeigen, wie sich Autorität mit Freiheit, persönliche Initiative mit solidarischer Verbundenheit zum gemeinsamen Ganzen, gebotene Einheit mit fruchtbarer Vielfalt verbinden lassen."[330]

327 GS n. 74,1.
328 Ebd.
329 GS n. 73,5.
330 GS n. 75,5.

Auch wenn die Kirche keine politische Gemeinschaft ist wirkt sich ihr Dasein zusammen mit ihren ihr aufgetragenen Aktivitäten auf die gesamte Menschheit aus. Die Einheit der Kirche kann und soll Vorbild der ganzen Menschenfamilie sein. „Förderung von Einheit hängt ja mit der letzten Sendung der Kirche zusammen, da sie ‚in Christus gleichsam das Sakrament, das heißt Zeichen und Werkzeug für die innigste Vereinigung mit Gott wie für die Einheit der ganzen Menschheit'"[331] ist. So zeigt sie der Welt, dass die wahre Einheit in der äußeren gesellschaftlichen Sphäre aus einer Einheit der Gesinnungen und Herzen erwächst, aus jenem Glauben und jener Liebe nämlich, auf denen im Heiligen Geist ihre unauflösliche Einheit beruht. Die Kraft nämlich, die die Kirche der menschlichen Gemeinschaft von heute mitzuteilen vermag, ist jener Glaube und jene Liebe, die sich in Tat und Wahrheit des Lebens auswirken, nicht aber irgendeine äußere, mit rein menschlichen Mitteln ausgeübte Herrschaft."[332] Wenn die Kirche die Verkündigung der Frohbotschaft, die liturgische Verherrlichung Gottes und den Dienst an den Menschen ihrer eigentlichen Sendung getreu vollzieht, kann sie dazu beitragen, „dass sich innerhalb der Grenzen einer Nation und im Verhältnis zwischen den Völkern Gerechtigkeit und Liebe entfalten. Indem sie nämlich die Wahrheit des Evangeliums verkündet und alle Bereiche menschlichen Handelns durch ihre Lehre und das Zeugnis der Christen erhellt, achtet und fördert sie auch die politische Freiheit der Bürger und ihre Verantwortlichkeit."[333] Diese Hilfe ist heutzutage besonders wichtig, da sich weltweit ein wachsendes „Verlangen nach mehr Anteil an der Gestaltung des Lebens der politischen Gemein-

331 LG n. 1.
332 GS n. 42,5.
333 GS n. 76,3.

schaft“ zeigt[334]. „Aus dem lebendigeren Bewusstsein der menschlichen Würde wächst ja in den verschiedenen Teilen der Welt das Bestreben, eine neue politisch-rechtliche Ordnung zu schaffen, in der die Rechte der menschlichen Person im öffentlichen Leben besser geschützt sind, etwa das Recht auf Versammlungs-, Vereinigungs- und Meinungsfreiheit und das Recht auf privates und öffentliches Bekenntnis der Religion.“[335] Dabei werden unterschiedliche Wege gesucht. Sie sind zu achten soweit sie nicht Gottes Willen widersprechen. Im politischen Leben gibt es eine legitime Vielfalt, die zu schützen ist.

Alle Christgläubigen sind in diesen Friedensdienst einbezogen. Der Appell: „Suche Frieden, und jage ihm nach“ (Ps 34,15) gilt allen. Je mehr man ihm folgt, um so mehr wird es Frieden geben. „In der Treue zum Evangelium, gebunden an ihre Sendung in der Welt und entsprechend ihrem Auftrag, alles Wahre, Gute und Schöne in der menschlichen Gemeinschaft zu fördern und zu überhöhen, festigt die Kirche zur Ehre Gottes den Frieden unter den Menschen.“[336]

3.5. Die große Gemeinschaft, in der alle ihre Glieder miteinander verbunden sind, kommt erst voll in den Blick, wenn man ihre *Geschichtlichkeit* wahrnimmt. Die ganze Menschheit lebt aus der Geschichte, in der Geschichte und als Geschichte. Das ist den Menschen immer mehr bewusst geworden. Auch im Konzil hat sich das abgezeichnet. Es sieht in der Geschichtlichkeit und ihren Auswirkungen ein nicht ernst genug zu nehmendes Zeichen der Zeit. Es weist darauf hin, dass es um mehr geht als um ein von vielen neuen Kapi-

334 GS n. 73,3.
335 GS n. 73,2.
336 GS n. 76,6.

teln: „Die Lebensbedingungen des modernen Menschen sind in gesellschaftlicher und kultureller Hinsicht zutiefst verändert, so dass man von einer neuen Epoche der Menschheitsgeschichte sprechen darf."[337] Wiederum: „Heute steht die Menschheit vor einer neuen Epoche ihrer Geschichte, in der tiefgehende Veränderungen Schritt um Schritt auf die ganze Welt übergreifen."[338] Das geschieht mit einer erstaunlichen Geschwindigkeit. „Der Gang der Geschichte selbst erfährt eine so rasche Beschleunigung, dass der Einzelne ihm schon kaum mehr zu folgen vermag."[339] Alle Dinge werden „unter dem Gesichtspunkt der Wandelbarkeit und Entwicklung" gesehen[340]. „Die Menschheit vollzieht einen Übergang von einem mehr statischen Verständnis der Ordnung der Gesamtwirklichkeit zu einem mehr dynamischen und evolutiven Verständnis."[341] Jedermann bekommt das zu spüren. Die Veränderungen, die vom Menschen ausgegangen sind, „wirken auf ihn wieder zurück, auf seine persönlichen und kollektiven Urteile und Wünsche, auf seine Art und Weise, die Dinge und die Menschen zu sehen und mit ihnen umzugehen."[342] All das bestimmt auch die Frage, die in unterschiedlicher Weise zu allen Zeiten gestellt wurde: „Wer bin ich?" Die Antwort des Konzils, die sich aus der Zusammenschau der heutigen Situation und ihrer Implikationen ergibt, heißt: „Du bist ein geschichtliches Subjekt. Du bist ein Werdewesen in einer Werdewelt. Du hast eine lange Vorgeschichte, die dein Leben in vielem prägt; du lebst in einer Geschichtsstunde, die dich beschenkt, bedrängt und begrenzt und dich herausfordert;

337 GS n. 54.
338 GS n. 4,2.
339 GS n. 5,3.
340 GS n. 54.
341 GS n. 5,3.
342 GS n. 4,2

du existierst auf eine Zukunft hin, die Hoffnungen und Sorgen mit sich bringt, die auch von dir abhängt."

Deshalb tut der Mensch gut daran, sich so konkret wie möglich an das zu erinnern, was sein Leben in langen Jahrhunderten vorbereitet hat. Mehr als es einem in der Regel bewusst ist bestimmt es das Leben. Am wichtigsten ist indessen seine Gegenwart samt den Möglichkeiten, die sie bietet. In ihr entscheidet es sich, was aus einem wird. Im Heute spricht Gott uns an, im Heute bietet er uns seine Geschenke an, im Heute stehen unsere Entscheidungen an. Andreas Gryphius, dessen Leben und Denken durch den Dreißigjährigen Krieg geprägt wurde, hat in seiner „Betrachtung der Zeit" das Besondere der Gegenwart treffend gekennzeichnet. Er stellt heraus:

„Mein sind die Jahre nicht, die mir die Zeit genommen;
Mein sind die Jahre nicht, die etwa möchten kommen;
Der Augenblick ist mein, und nehm ich den in acht,
So ist der mein, der Jahr und Ewigkeit gemacht."[343]

In der Gegenwart schenkt der gegenwärtige Herr seine Gnade und zugleich Zukunft und Hoffnung.

Das wirft Licht auch auf das dunkle *Geheimnis des Todes,* das mit der Geschichtlichkeit des Menschen verbunden ist. Was in der Zeit seinen Anfang nimmt geht mit der Zeit dem Ende entgegen. Das Lebewesen Mensch ist ein Sterbewesen. Seit seiner Geburt steht sein Todesurteil fest; offen ist, wann es vollstreckt wird. Das Konzil wusste um die Not des Sterbenmüssens. Es sah die Schatten, die dadurch auf die Fragen nach dem Menschsein fallen. Es gesteht: „Angesichts des Todes wird das Rätsel des menschlichen Daseins am größten.

343 Deutsche Geistliche Dichtung aus tausend Jahren, hg. v. F. Kemp, München 1958, 220.

Der Mensch erfährt nicht nur den Schmerz und den fortschreitenden Abbau des Leibes, sondern auch, ja mehr die Furcht vor immerwährendem Verlöschen."[344] Das belastet den Menschen um so mehr als sein Inneres sich gegen ein Verenden sträubt. Das ist alles in allem gesehen ein gutes Zeichen. Im Instinkt seines Herzens urteilt der Mensch richtig, „wenn er die völlige Zerstörung und den endgültigen Untergang seiner Person mit Entsetzen ablehnt. Der Keim der Ewigkeit im Menschen lässt sich nicht auf die bloße Materie zurückführen und wehrt sich gegen den Tod."[345] Der Glaubende darf wissen, dass er trotz des Todesgeschicks zum ewigen Leben berufen ist. Jesus Christus hat den Tod besiegt und allen, die mit ihm verbunden sind, ewiges Leben geschenkt. Der Herr ist das Ziel. Er überwindet die Grenzen der Geschichtlichkeit und erfüllt zugleich, was in ihr ersehnt und erstrebt wird. Er ist ihr „Alpha und Omega", er ist „der Erste und der Letzte", er ist „Anfang und Ende" (Offb 22,13). „Der Herr ist das Ziel der menschlichen Geschichte, der Punkt, auf den hin alle Bestrebungen der Geschichte und der Kultur konvergieren, der Mittelpunkt der Menschheit, die Freude aller Herzen und die Erfüllung ihrer Sehnsüchte. Ihn hat der Vater von den Toten auferweckt, erhöht und zu seiner Rechten gesetzt; ihn hat er zum Richter der Lebendigen und der Toten bestellt. Von seinem Geist belebt und geeint, schreiten wir der Vollendung der menschlichen Geschichte entgegen, die mit dem Plan seiner Liebe zusammenfällt: ‚alles in Christus dem Haupt zusammenzufassen, was im Himmel und auf Erden ist' (Eph 1,10)."[346]

344 GS n. 18,1.
345 Ebd.
346 GS n. 45,3.

3.6. Viele haben den Weg zu Christus durch die *Freiheit* gefunden, die er verkörpert, verkündet und vermittelt. „Der Gekreuzigte ist das den Gottlosen und Unfreien zugewandte Angesicht der Freiheit und des Lebens,"[347] bekennt Jürgen Moltmann. M.A. Couturier schreibt 1925 in sein Tagebuch: „In diesem Jahr ist die Freiheit in mein Leben getreten und sie trägt das Antlitz der Liebe."[348] Nikolai Berdjajew sagt von seinem Glaubensweg: „Die Freiheit führte mich zu Christus."[349] Seine Konsequenz: „‚Ich hab mein Sach' auf nichts gestellt' hat Max Stirner gesagt. Was mich angeht, so möchte ich sagen: ‚Ich gründe meine Sache auf die Freiheit'"[350] Für ihn erscheint in der Religion der Freiheit „alles in einem neuen Licht … Sie wird Anlass zu einer neuen Anthropologie, anerkennt den religiösen Charakter der menschlichen Schöpfertätigkeit. Ihre hauptsächliche Unterlage ist die Freiheit."[351]

Das Konzil hat mehrfach auf die Freiheit im Leben Christi hingewiesen. Von ihm bekennt es: Er „ist gekommen, um den Menschen zu befreien und zu stärken."[352] Er ist das fleischgewordene Evangelium der Freiheit. Seine Botschaft „verkündet und proklamiert die Freiheit der Kinder Gottes; sie verwirft jede Art von Knechtschaft, die letztlich aus der Sünde stammt; sie respektiert sorgfältig die Würde des Gewissens und der freien Entscheidung."[353] Der Geist, den er schenkt, ist

347 Moltmann, wie Anm. 186, 191.

348 M.A. Couturier, Die Freiheit des Christen, Mainz 1964,7.

349 B. Schultze, Russische Denker. Ihre Stellung zu Christus, Kirche und Papst, Wein 1950, 362.

350 N. Berdjajew, Existentielle Dialektik des Göttlichen und des Menschlichen, München 1951, V.

351 Schultze, wie Anm. 349, 370.

352 GS n. 13,2.

353 GS n. 41,2.

Geist der Freiheit: „Wo der Geist des Herrn wirkt, da ist Freiheit“ (2 Kor 3,17).

„Paulus lässt keinen Zweifel darüber aufkommen: Die Berufung des Christen ist eine Berufung zur Freiheit. Der Christ ist Sohn, nicht Lohnarbeiter oder Sklave. ‚Ihr seid zur Freiheit berufen, Brüder‘, schreibt er an die Galater, ‚wenn ihr euch vom Geiste führen lasset, so steht ihr nicht unter dem Gesetz‘ (Gal 5,13.18) … Zwar konnte Paulus, wenn es nötig war, allen alles werden …; aber wenn der Grundsatz der christlichen Freiheit auf dem Spiele stand, dann vermochte ihn nichts zum Nachgeben zu bewegen (Gal 2). In seinen Augen handelte es sich da nicht um einen zweitrangigen oder nebensächlichen Lehrpunkt; es ging um das Herzstück der christlichen Religion.“[354] Entsprechend lautet die Antwort des Völkerapostels auf die Frage „Wer bin ich?“: „Du bist ein von Christus Befreiter. Du bist nicht mehr Sklave, sondern Sohn. Du bist befreit zur herrlichen Freiheit der Kinder Gottes. Du kannst und sollst ein Freund der Freiheit sein und ein Freund aller Menschen, berufen, ihnen in Freiheit zu dienen und ihre Freiheit zu schützen und zu fördern.“

In mehreren Dokumenten hat das Konzil Hilfreiches dazu gesagt. Es bezeugt, dass Christus „den seligen Weg der Freiheit der Kinder Gottes für alle Menschen“ eröffnet hat.[355] Er ist gekommen, um den Menschen zu befreien und zu stärken, indem er ihn innerlich erneuerte.“[356] Die Kirche ist gesandt, alle Menschen „zur Freiheit und zum Frieden Christi zu führen: So soll ihnen der freie und sichere Weg zur vollen Teil-

354 St. Lyonnet in: P. Henrici (Hg.), Erziehung zur christlichen Freiheit, Frankfurt 1968, 11 f.

355 LG n. 37,2.

356 GS n. 13,2.

nahme am Christusgeheimnis eröffnet werden."[357] Die Jünger Christi sollen „in königlicher Freiheit stehen"[358] und so glaubwürdige und liebenswürdige Zeugen der christlichen Freiheit sein. Die Freiheit gehört zu den wichtigsten Talenten, die der Herr den Seinen anvertraut, damit sie sich durch ihren Einsatz vermehren. Die „Güter menschlicher Würde, brüderlicher Gemeinschaft und Freiheit, müssen im Geist des Herrn und gemäß seinem Gebot auf Erden gemehrt werden; dann werden wir sie wiederfinden, gereinigt von jedem Mangel, lichtvoll und verklärt, dann nämlich wenn Christus dem Vater ‚ein ewiges, allumfassendes Reich übergeben wird ...'"[359]. Dieses Reich, „das von Gott selbst auf Erden grundgelegt wurde," das von ihm auch vollendet wird, ist ein Reich allbeseligender Freiheit. Es kommt, „wenn Christus, unser Leben (vgl. Kol 3,4), erscheinen wird und ‚die Schöpfung selbst von der Knechtschaft der Vergänglichkeit zur Freiheit der Herrlichkeit der Kinder Gottes befreit wird' (Röm 8,21)."[360] Dann vollendet er das Werk der Heiligung, das in der Menschheitsgeschichte begonnen wurde. Besonders deutlich ist das in der Geschichte Israels zutage getreten.

3.7. Das auserwählte Volk ist von Anfang an zur *Heiligkeit* berufen. Am Sinai sagt Jahwe den Israeliten: „Ihr habt gesehen, was ich den Ägyptern angetan habe, wie ich euch auf Adlerflügeln getragen und hierher zu mir gebracht habe. Jetzt aber, wenn ihr auf meine Stimme hört und meinen Bund achtet, werdet ihr unter allen Völkern mein besonderes Eigentum sein. Mir gehört die ganze Erde, ihr aber sollt mir als ein Reich

357 AG n. 5,1.
358 LG n. 36,1.
359 GS n. 39,3.
360 LG n. 9,2.

von Priestern und als ein heiliges Volk gehören“ (Ex 19,4–6). Diese Berufung verpflichtet das ganze Volk. Alle sollen wissen: „Ihr sollt mir heilig sein“ (Ex 22,30). Der Gott des Bundes schenkt Heiligkeit und fordert sie: „Ich bin Jahwe, der euch heiligt“ (Lev 22,23), und: „Ich bin der Herr, euer Gott! Seid heilig! Denn ich bin heilig“ (Lev 11,44 f.). Auch wenn sein Volk immer wieder versagt hat, ist Gott treu geblieben.

In Christus schenkt er einen neuen Anfang und gibt damit eine neue Antwort auf die Frage „Wer bin ich?“: „Christus, der neue Adam, macht eben in der Offenbarung des Geheimnisses des Vaters und seiner Liebe dem Menschen den Menschen selbst voll kund und erschließt ihm seine höchste Berufung.“[361] Die Pastoralkonstitution bringt diese auf den Punkt. Das geschieht erstaunlicherweise als sie auf den Atheismus eingeht. Ihm gegenüber bekennt sie: Als Kind Gottes ist der Mensch „zur eigentlichen Gemeinschaft mit Gott und zur Teilnahme an dessen eigener Seligkeit berufen.“[362] Das bedeutet auch Teilhabe an seiner Heiligkeit. Selbst sein Eigenstes will der dreieine Gott mitteilen. Im hohepriesterlichen Gebet spricht Jesus sein Ja zu dem Heiligen, das vom Vater ausgeht und im Heiligen Geist vollzogen wird. Mit seiner Bitte: „Heilige du sie in der Wahrheit“ (Joh 17,17) verbindet er seine Bereitschaft, dieses Heiligen mitzutragen: „Ich heilige mich für sie, damit sie in Wahrheit geheiligt sind“ (Joh 17,19). Von diesem Heiligen und dem sich daraus ergebenden Heiligwerden des neuen Gottesvolkes lehrt das Konzil: „Christus, der Sohn Gottes, der mit dem Vater und dem Geist als ‚allein Heiliger‘ gepriesen wird, hat die Kirche als seine Braut geliebt und sich für sie hingegeben, um sie zu heiligen (vgl. Eph 5,25–26),

361 GS n. 22,1.
362 GS n. 21,3.

er hat sie als seinen Leib mit sich verbunden und mit der Gabe des Heiligen Geistes reich beschenkt zur Ehre Gottes."[363]

Das Geschenk der Heiligkeit verpflichtet zu einem heiligen Leben. „Der Herr Jesus, göttlicher Lehrer und Urbild jeder Vollkommenheit, hat die Heiligkeit des Lebens, deren Urheber und Vollender er selbst ist, allen und jedem seiner Jünger in jedweden Lebensverhältnissen gepredigt: ‚Seid ihr also vollkommen, wie auch euer Vater im Himmel vollkommen ist' (Mt 5,48). Allen hat er den Heiligen Geist gesandt, dass er sie innerlich bewege, Gott aus ganzem Herzen, aus ganzer Seele, aus ganzem Gemüt und aus ganzer Kraft zu lieben (vgl. Mk 12,30), und einander zu lieben, wie Christus sie geliebt hat."[364] Dem verhängnisvollen Irrtum, das Heiligwerden auf die eigene Leistung zurückzuführen und als eigenen Verdienst anzusehen, hält das Konzil entgegen: „Die Anhänger Christi sind von Gott nicht kraft ihrer Werke, sondern aufgrund seines gnädigen Ratschlusses berufen und in Jesus dem Herrn gerechtfertigt, in der Taufe des Glaubens wahrhaft Kinder Gottes und der göttlichen Natur teilhaftig und so wirklich heilig geworden. Sie müssen daher die Heiligung, die sie empfangen haben, mit Gottes Gnade im Leben bewahren und zur vollen Entfaltung bringen."[365]

All das ergibt die Antwort auf die Frage „Wer bin ich?": „Was immer du bislang getan oder gelassen hast, du bist berufen, heilig zu werden. Was du aus eigener Kraft niemals erreichen kannst, will Gott dir schenken. Über die Vollendung deines Menschseins hinaus sollst du Anteil an seinem göttlichen Leben und Lieben empfangen. Du musst alles tun, um diesem Geschenk gemäß zu leben."

363 LG n. 39.
364 LG n. 40,1.
365 Ebd.

Die Jünger Jesu haben immer wieder auf diesen Auftrag hingewiesen. Im ersten Brief, der uns vom Völkerapostel überliefert ist, heißt es: „Das ist es, was Gott will: eure Heiligung" (1 Thess 4,3). Die Epheser werden ermahnt: „Lebt wie es Heiligen geziemt" (Eph 5,3), und wiederum: „Zieht den neuen Menschen an, der nach dem Bild Gottes (Gen 1,26) geschaffen ist in wahrer Gerechtigkeit und Heiligkeit" (Eph 4,24). Der Hebräerbrief fordert: „Strebt voll Eifer nach Frieden (Ps 34,15) mit allen und nach der Heiligung, ohne die keiner den Herrn sehen wird" (Hebr 12,14). An die Christen in der Diaspora ergeht der Appell: „Wie er, der euch berufen hat, heilig ist, so soll auch euer ganzes Leben heilig werden" (1 Petr 1,15).

Das Konzil, das sich die apostolische Mahnung zu Eigen macht, stellt nachdrücklich heraus, dass es nicht nur in außergewöhnlichen Situationen, sondern im ganzen Leben um das Heiligwerden geht. „In den verschiedenen Verhältnissen und Aufgaben des Lebens wird die eine Heiligkeit von allen entfaltet, die sich vom Geist Gottes leiten lassen und, der Stimme des Vaters gehorsam, Gott den Vater im Geist und in der Wahrheit anbeten und dem armen, demütigen, das Kreuz tragenden Christus folgen und so der Teilnahme an seiner Herrlichkeit würdig werden."[366] Im Alltag des Lebens sollen wir dem All-tag der Erlösung entgegengehen. Dabei können und sollen die alltäglichen Herausforderungen Gnaden der Heiligung vermitteln. In den gewöhnlichen Dingen und Ereignissen des normalen Lebens soll das Außergewöhnliche geschehen, dass der dreieine Gott gerade mit ihnen jedermann seine persönliche Hilfe schenkt. „Jeder aber muss nach seinen eigenen Gaben und Gnaden auf dem Weg eines lebendigen Glaubens, der die Hoffnung weckt und durch Liebe wirksam ist,

366 LG n. 41,1.

entschlossen vorangehen."[367] Nicht einzelne Sonderaktionen, sondern das demütige und kraftvolle Ausüben des ihnen aufgetragenen Hirtendienstes ist für die Amtsträger der Kirche „das hervorragende Mittel der Heiligung"[368]. Auch bei den Priestern kommt es darauf an, „in täglicher Ausübung ihrer Pflicht in der Liebe zu Gott und dem Nächsten zu wachsen … Es sollen ihnen die apostolischen Sorgen, Gefahren und Mühsale so wenig ein Hindernis sein, dass sie dadurch vielmehr zu höherer Heiligkeit emporsteigen"[369]. Ähnliches gilt für alle Berufe, und speziell für die „Armen, Schwachen, Kranken und von verschiedener Mühseligkeit Bedrückten oder die um der Gerechtigkeit willen Verfolgten."[370] Alle dürfen wissen: „Alle Christgläubigen also werden in ihrer Lebenslage, ihren Pflichten und Verhältnissen und durch dies alles von Tag zu Tag mehr geheiligt, wenn sie alles aus der Hand des himmlischen Vaters im Glauben entgegennehmen und mit Gottes Willen zusammenwirken und so die Liebe, mit der Gott die Welt geliebt hat, im zeitlichen Dienst selbst allen kundmachen."[371]

Alle sind berufen, auf dem Weg der Heiligung einander beizustehen. Jeder braucht diese Hilfe, jeder kann sie anderen schenken. Das Konzil zeigt das exemplarisch an denen, die das Ziel der Heiligung bereits erreicht haben. „Durch ihre brüderliche Sorge also findet unsere Schwachheit reichste Hilfe."[372] „Wenn wir nämlich auf das Leben der treuen Nachfolger Christi schauen, erhalten wir neue Antriebe, die künftige Stadt zu suchen (vgl. Hebr. 13,8 und 11,10). Zugleich werden

367 Ebd.
368 LG n. 41,2.
369 LG n. 41,3.
370 LG n. 41,6.
371 LG n. 41,7.
372 LG n. 41,7.

wir einen ganz verlässlichen Weg gewiesen, wie wir, jeder nach seinem Stand und seinen eigenen Lebensverhältnissen, durch die irdischen Wechselfälle hindurch zur vollkommenen Vereinigung mit Christus, nämlich zur Heiligkeit kommen können."[373] Die Heiligen sind den Weg gegangen, den sie uns zeigen. Sie haben die Schwierigkeiten erlebt, die uns zu schaffen machen. Sie bezeugen, dass der Herr ihnen geholfen hat, das Unmögliche möglich zu machen. Er kann und will das auch bei uns tun. Er selber wendet sich uns in den Heiligen zu. Das Konzil hat darüber eine faszinierende Aussage gemacht, die eine beglückende Antwort auf die Frage „Wer bin ich?" vermittelt. Es sagt von den Heiligen: In ihrem Leben „zeigt Gott den Menschen in lebendiger Weise seine Gegenwart und sein Antlitz, in ihnen redet er selbst zu uns, gibt er uns ein Zeichen seines Reiches, zu dem wir, mit einer so großen Wolke von Zeugen umgeben und angesichts solcher Bezeugung der Wahrheit des Evangeliums, mächtig hingezogen werden."[374] Durch sie „sehen wir den Weg des unsichtbaren Herrn durch die Geschichte an dem Widerschein, der auf das Gesicht seiner Heiligen fällt."[375] Durch die Heiligen spricht Gott uns an. Jeder von ihnen verkörpert eine Botschaft Gottes, jeder ist ein fleischgewordenes Evangelium. Der heilige Franz von Sales schreibt: „Das Leben der Heiligen ist nichts anderes als das Evangelium in Handlungen dargestellt." Er fügt hinzu: „Ich kenne zwischen dem geschriebenen Evangelium und dem Leben der Heiligen keinen anderen Unterschied als zwischen einer in Noten gesetzten Musik und der nämlichen Musik, wie sie von Virtuosen ausgeführt wird."[376]

373 LG n. 41,2.

374 Ebd.

375 R. Schneider, Das Unzerstörbare, Frankfurt 1978, 265.

376 In: A. Koch, Homiletisches Quellenwerk, Bd. II, Freiburg ^{4}1952,53.

Dieser Klang kann über die Grenzen der Kirche hinaus vernommen werden. Er kann auch Menschen animieren, die sich auf einem anderen Weg finden. Das ist ein Zeichen dafür, dass Gott um das „Heil des ganzen Menschengeschlechtes besorgt" ist.[377] Ohne Ausnahme sind alle Menschen „durch Gottes Gnade zum Heil berufen."[378] Allen ist das ewige selige Leben zugedacht.

3.8. „Der Mensch übersteigt unendlich den Menschen."[379] Diese Einsicht Pascals bezieht sich auf die Fähigkeiten, die der Mensch erhalten hat, und auf das Sehnen und Suchen, das ihn bewegt. Sie gilt auch für das Verhältnis zur Dauer seiner Existenz. Diese ist nicht mit dem Sterben zu Ende. Sie geht unendlich über die irdische Lebensfrist hinaus. Sie nimmt kein Ende. „Während vor dem Tod alle Träume nichtig werden, bekennt die Kirche, belehrt von der Offenbarung Gottes, dass der Mensch von Gott zu einem seligen Ziel jenseits des irdischen Elends geschaffen ist ... Gott rief und ruft nämlich den Menschen, dass er ihn in der ewigen Gemeinschaft unzerstörbaren göttlichen Lebens mit seinem ganzen Wesen anhange."[380]

Durch seinen Tod hat der Erlöser den Menschen von seinem Tod befreit und ihm Anteil an seinem Auferstehungsleben gegeben. „Christus ist auferstanden, hat durch seinen Tod den Tod vernichtet und uns das Leben geschenkt, auf dass wir, Söhne im Sohn, im Geist rufen: Abba, Vater!"[381] Wenn er wiederkommt in Herrlichkeit vollendet er das Heilswerk, das er auf Erden begonnen hat. „Der Herr selbst

377 DV n. 14,1.
378 LG n. 13,4.
379 Pascal, wie Anm. 149, frg. 434, S. 205.
380 GS n. 18,2.
381 GS n. 22,6.

spricht: ‚Siehe, ich komme bald und mein Lohn ist mit mir, einem jeden zu vergelten nach seinen Werken. Ich bin das Alpha und das Omega, der Erste und der Letzte, Anfang und Ende' (Offb 22,12–13).“[382] Im Glauben erwarten wir „‚die selige Hoffnung und die Ankunft der Herrlichkeit unseres großen Gottes und Erlösers Jesus Christus' (Tit 2,13), ‚der unseren Leib der Niedrigkeit verwandeln wird zur Gleichgestalt mit dem Leibe seiner Herrlichkeit' (Phil 3,21). Er wird kommen, ‚um verherrlicht zu werden in seinen Heiligen und wunderbar in allen, die geglaubt haben' (2 Thess 1,10).“[383] Das Neue Testament spricht einerseits vom erneuten Kommen Christi *zu* den Menschen, andererseits von seinem Kommen *mit* jenen, denen er Anteil an seiner Verherrlichung schenkt. Das letzte Kommen Christi ist somit sein Fest und zugleich ein Fest der Seinen.

Mit der Wiederkunft in Herrlichkeit ist das Letzte *Gericht* verbunden. „Bevor wir mit dem verherrlichten Christus herrschen können, werden wir alle erscheinen ‚vor dem Richterstuhl Christi, damit ein jeder Rechenschaft ablege über das, was er in seinem leiblichen Leben getan hat, Gutes oder Böses' (2 Kor 5,10).“[384] Dieses Gericht, dessen Maßstab die Liebe ist, geschieht aus Liebe und in Liebe. Es gründet in der Liebe des dreieinen Gottes. Der *Vater* hält Gericht über alle Menschen, insbesondere über die, die seine Kinder geworden sind. Bis zuletzt nimmt er persönlichen Anteil an ihnen allen. Als Liebender wird er von ihrem Geschick bewegt. Er richtet durch seinen *Sohn*. Das entspricht der Liebe zu seinem Sohn und zu den Menschen. Der Vater „hat das Gericht ganz dem Sohn übertragen, damit alle den Sohn ehren, wie sie den Vater

382 GS n. 45,4.
383 LG n. 48,4.
384 Ebd.

ehren" (Joh 5,22 f.). Das Richten des Sohnes ist Zeichen seiner Verbundenheit mit den Menschen, die er liebt: „Ich richte, wie ich es (vom Vater) höre, und mein Gericht ist gerecht" (Joh 16,9). Wie der Sohn immerzu in innigster Gemeinschaft *mit dem Heiligen Geist* lebt, so vollzieht sich sein letztes Richten im Heiligen Geist, in dem Geist, der den Erdkreis erfüllt und Kenntnis hat von jedem Laut (Weish 1,7), in dem Geist, der „die Welt überführen wird der Sünde, der Gerechtigkeit und des Gerichts" (Joh 16,9).

Weil der dreieine Gott alle Menschen liebt, wendet er sich im Letzten Gericht allen zu. Alle werden „vor dem Richterstuhl Gottes stehen. Denn es steht geschrieben: So wahr ich lebe, spricht der Herr, vor mir wird jedes Knie sich beugen, und jede Zunge wird Gott preisen" (Röm 14,10 f.). Damit klingt ein Motiv an, das in der Ewigkeit zu höchster Erfüllung kommt und diese kennzeichnet. *Die Verherrlichung Gottes* ist immer auch die Seligkeit seiner Geschöpfe. Gott bewirkt „zugleich seine Herrlichkeit und unsere Seligkeit."[385] Die Heiligen können das im Himmel beglückend erfahren. Sie „dürfen dort Anteil nehmen an der Glückseligkeit der allerheiligsten Dreifaltigkeit, d. i. an der Verherrlichung, welche die drei göttlichen Personen sich selbst erweisen durch die Erkenntnis des Vaters und die gegenseitige Liebe von Vater und Sohn im Heiligen Geist. Sie werden gleichzeitig auch teilnehmen an der Verherrlichung der allerheiligsten Dreifaltigkeit, welche sie von jedem einzelnen Himmelsbewohner empfängt und von allen Himmelsbewohnern insgesamt, indem der dreieinige Gott sich durch seine vernunftbegabten Geschöpfe liebt und verherrlicht."[386]

385 AG n. 2,2.

386 M. J. Ritz, Unser Heil, hg. v. P.- W. Scheele, Würzburg 1990, 112.

Zusammen mit den Menschen wird die ganze Schöpfung in die Vollendung der Heilsgeschichte einbezogen, „die Welt der Menschen, das heißt die ganze Menschheitsfamilie mit der Gesamtheit der Wirklichkeiten, in denen sie lebt, ... (ist) bestimmt, umgestaltet zu werden nach Gottes Heilsratsschluss und zur Vollendung zu kommen.[387] Mehrfach spricht die Bibel *vom neuen Himmel und der neuen Erde.* Der Verheißung Gottes gemäß dürfen wir „einen neuen Himmel und eine neue Erde, in der die Gerechtigkeit wohnt," erwarten (2 Petr 3,12 f.). In der Apokalypse berichtet Johannes: „Dann sah ich einen neuen Himmel und eine neue Erde; denn der erste Himmel und die erste Erde sind vergangen, auch das Meer ist nicht mehr" (Offb 21,1). Entsprechend lehrt das Konzil: „Es vergeht zwar die Gestalt dieser Welt, die durch die Sünde missgestaltet ist, aber wir werden belehrt, dass Gott eine neue Wohnstätte und eine neue Erde bereitet, auf der die Gerechtigkeit wohnt, deren Seligkeit jede Sehnsucht nach Frieden in den Herzen der Menschen erfüllt und übertrifft ..., und die ganze Schöpfung ... wird von der Knechtschaft der Vergänglichkeit befreit sein."[388] Wann und wie das geschieht entzieht sich unserer Kenntnis. „Den Zeitpunkt der Vollendung der Erde und der Menschheit kennen wir nicht und auch die Weise wissen wir nicht, wie das Universum umgestaltet werden soll."[389] Noch weniger können wir uns die Herrlichkeit des Himmels vorstellen.

Die biblischen Bilder, die uns auf sie hinweisen, entstammen alle unserer irdischen Erfahrungswelt und bleiben deren Grenzen verhaftet. Gleichwohl können sie uns auf die rechte Spur bringen. Sie zeigen an, dass der dreieine Gott uns für

387 GS n. 2,2.
388 GS n. 39,1.
389 Ebd.

immer in sein Leben und Lieben hineinnehmen will. Er hat uns „gnadenweise gerufen …, Gemeinschaft zu haben mit ihm in Leben und Herrlichkeit."[390] Die Seligen dürfen „in der Vereinigung mit den göttlichen Personen mit dem Sohn Gottes den himmlischen Vater lieben und mit dem Vater den Sohn in der Liebe des Heiligen Geistes. Sie sind also eins mit Gott in der Liebe und verherrlichen Gott durch Gott und Gott liebt und verherrlicht sich durch seine Geschöpfe."[391] Sie „schenken sich mit dem Sohn dem Vater und mit dem Vater dem Sohn in derselben göttlichen Liebe von Vater und Sohn im Heiligen Geist."[392] Nachdem sich die Erlösten auf Erden mit den Augen des Glaubens orientiert haben, dürfen sie jetzt mit den Augen der Liebe Gott schauen. Es ist so wie Paulus es den Korinthern geschrieben hat: „Jetzt schauen wir in einen Spiegel und sehen nur rätselhafte Umrisse, dann aber schauen wir von Angesicht zu Angesicht. Jetzt ist mein Erkennen Stückwerk, dann aber werde ich durch und durch erkennen, sowie ich auch durch und durch erkannt worden bin" (1 Kor 13,12). Jesu Verheißung aus der Bergpredigt kommt zur Erfüllung: „Selig, die reinen Herzens sind, denn sie werden Gott schauen" (Mt 5,8). Die Kirchenkonstitution sagt von den Heiligen des Himmels: „Sie sind verherrlicht und schauen ‚klar den dreieinen Gott selbst, wie er ist'."[393]

Sie empfangen und erfahren die *Fülle des Lebens.* Auch das geschieht auf die persönlichste Weise. Das ewige Leben „ist das innergöttliche Leben der allerheiligsten Dreifaltigkeit, ist die Beziehung von Vater zum Sohn und die Beziehung von beiden zum Heiligen Geist. Gott Vater als Urquell allen Seins,

390 AG n. 2,2.

391 M. J. Ritz, Unser Weg, hg. v. P.-W. Scheele, Würzburg 1989, 48.

392 Ebd.

393 LG n. 49,1.

alles Lebens, aller Kraft und alles Wirkens teilt jeden Augenblick erneut seinem göttlichen Sohn sein eigenes Leben mit durch seine göttliche Wesenheit. Gott Sohn empfängt jeden Augenblick erneut sein göttliches Leben und Sein vom Vater und liebt seinen Vater und der Vater liebt den Sohn in der wesensgleichen persönlichen Liebe des Heiligen Geistes. In dieses innergöttliche Leben der allerheiligsten Dreifaltigkeit geht die Seele ein, sobald sie in der Ewigkeit das ungeschaffene Licht der Glorie umfängt."[394]

Die Liebe Gottes ist keine vorübergehende Zuwendung, sie will ein Vereintsein, das kein Ende nimmt. Diese Liebe schenkt Gott allen Menschen. In ihr werden alle eins. In Gottes Lieben hineingenommen schenken sie allen ihre Liebe. In grenzenloser Liebe miteinander verbunden leben sie miteinander und füreinander. „Jeder ist allen alles."[395] So ist „alles in Gott und Gott in allen."[396]

Aus all dem ergibt sich eine letzte Antwort das Konzils auf die Frage „Wer bin ich?" Sie lautet: „Du bist ein unsterbliches Kind des ewigen Vaters. Wenn dein Bruder Jesus Christus wiederkommt in Herrlichkeit lässt er dich an seinem Auferstehungsleben teilhaben. In Liebe richtet er dich; in Liebe rettet er dich; in Liebe bleibt er immerzu mit dir verbunden. Er vollendet das wechselseitige Innesein: er in uns und wir in ihm. So darfst du in ewiger Seligkeit am Leben und Lieben des dreieinen Gottes teilnehmen."

Die früheren Antworten auf die Frage „Wer bin ich?" aufgreifend kann jedermann sagen: „Ich bin ein Geschöpf der Liebe Gottes. Am Anfang meines Daseins steht die Liebe. Die Liebe Gottes hat mich erdacht und gewollt. In Liebe bin ich

394 M. J. Ritz, Unser Gebet, hg. v. P.-W. Scheele, Würzburg 1986,31.

395 R. Troisfontaines, wie Anm. 291, 79.

396 Ritz, wie Anm. 291,79.

erschaffen. Zum Lieben bin ich in dieser Welt. In Liebe ruft Gott mich zu sich. In Liebe will er vollenden, was er in mir begonnen hat. Als sein Geschöpf bin ich in eine allumfassende Gemeinschaft hineingestellt. Ich bin berufen ‚in Allen, für Alle, durch Alle' zu leben.[397] Ich bin ein Werdewesen in einer Werdewelt. Vergangenheit, Gegenwart und Zukunft bestimmen mich und fordern mich heraus. In Freiheit geschaffen bin ich zur Freiheit berufen. Im Missbrauch der Freiheit bin ich zum Sünder geworden. Bis zum Tod bin ich in Gefahr, es immer wieder aufs neue zu werden. Dennoch lässt Gott mich nicht fallen. Durch sein Leben, Leiden und Sterben befreit der Sohn Gottes mich von der Sünde. Als mein Bruder steht er mir treu zur Seite. Entscheide ich mich kraft des Heiligen Geistes in Freiheit endgültig für ihn, dann darf ich in Ewigkeit am Leben und Lieben des dreieinen Gottes teilhaben."

„Amen, Lob und Herrlichkeit,
Weisheit und Dank,
Ehre und Macht und Stärke
unserem Gott in alle Ewigkeit. Amen" (Offb 7,12).

397 M. Blondel, Tagebuch vor Gott, Einsiedeln 1964, 242.

Bibliografische Information der Deutschen Nationalbibliothek

Die Deutsche Nationalbibliothek verzeichnet diese Publikation in der Deutschen Nationalbibliografie; detaillierte bibliografische Daten sind im Internet über ‹http://dnb.d-nb.de› abrufbar.

1. Auflage 2015

www.echter-verlag.de
Umschlag: Peter Hellmund
Coverbild: Archiv Bernhard Moosbrugger / Fotostiftung Schweiz

Satz: Hain-Team (www.hain-team.de)
Druck und Bindung: CPI – Clausen & Bosse, Leck
ISBN 978-3-429-03828-1